*Rich*致富42

鄭弘儀教你投資致富

鄭弘儀◎著

高富國際文化股份有限公司
高寶國際集團

Rich致富館42

鄭弘儀教你投資致富

作　　者　鄭弘儀

編　　輯　嚴玉鳳

校　　對　嚴玉鳳　黃詩媛

出 版 者　高富國際文化股份有限公司

Golden Rich International, Ltd.

聯絡地址　台北市內湖區新明路174巷15號10樓

網　　址　www.sitak.com.tw

電　　話　(02) 27911197　27918621

傳　　眞　出版部　(02) 27955824　行銷部（02）27955825

郵政劃撥　19394552

戶　　名　英屬維京群島商高寶國際有限公司台灣分公司

發　　行　希代書版集團發行

出版日期　2003年9月出版

Printed in Taiwan

ISBN:986-7806-92-1

自序

想找我出書的人很多，多數都被我推掉了，因爲我實在太忙，每天工作十幾個小時，眞的沒時間也沒精力再寫作。

但是，這本書，最後還是出了，這要怪誰呢？怪希代出版集團的朱凱蕾小姐。找我出書的人，經過我的婉拒之後，多半不曾再來騷擾，唯獨朱凱蕾小姐小小年紀，卻永不放棄，對我採取緊迫盯人的戰術，這種堅持的精神，不佩服也不行。

當記者，跑財經新聞十六年了，看到的內幕，經歷的事情好多好多，我都一一把它記錄下來，這當中有一大部份是投資的陷阱、地雷，我很眞心的在書中把它講出來，希望大家不要去踩，過去我看到太多人因爲投資股票而受傷慘重，包括我的親友，我很難過。

除了地雷、陷阱不要踩之外，台灣股市是國人最重要的投資工具，光開戶數就達七百萬戶，所以經過我深入的研究，我也創造出一套能讓你致富的方法，希望讓你這輩子退休又有錢，相信我，看完書，你會有收穫。

如果你對生活哲學，經濟趨勢也有興趣，書中也有一些著墨，期待可藉此互相交流，彼此增長經驗。

最後，本書爲了節省出版時間，故由我口述，希代的嚴玉鳳小姐整理，在此特別致謝。

鄭弘儀

鄭弘儀教你投資致富

CONTENT

第2部 如何投資賺錢：鄭弘儀致富秘訣

低點買，買好股票，波段操作是股市獲利三大原則。

鄭弘儀教你投資致富

CONTENT

第3部 如何收入飆漲：鄭弘儀賺錢撇步

要做和別人不同的事情，應用財務槓桿的操作原理，錢才會賺進口袋。

第4部 經濟大趨勢：鄭弘儀看台灣未來

台灣的未來很有前途，只要政府與人民有遠見！

第5部

下一代該怎麼走：鄭弘儀談家庭與教育

接受挑戰，才是穩定的開始，無形的價值才是最珍貴的東西。

第一部

如何身價攀升：鄭弘儀工作哲學

執著本業，建立人脈，投資未來，是你身價攀升的三撇步！

如何身價攀升

- 執著於你的本業，做出自己的特色，總有一天，成功會來敲你的門。
- 害怕，不能解決問題，堅持到底，路再怎麼難走都不放棄。
- 離開，成就更大。打擊你的人，你不滿的人，是你的借鏡，是你的貴人。
- 阿甘精神，就是誠懇自然地與人相處，讓人感到你是值得信任。
- POOL是一個可以認識很多人的地方，進入POOL之前，要先充實自己的實力。
- 機會是留給做好準備的人，沒有機會是因為缺乏抓住機會的能力。
- 你不可能靠收入致富，而是要藉由儲蓄本金的投資來致富。
- 忽視理財就像忽視健康一樣，遲早會使你付出沈重的代價。
- 投資的越早，複利的魔力便越大。
- 要考慮到未來不可預知的狀況，保留緊急時所需要的預備金。

1 成功第一步：投資自己

如果掌握了如何創建自己的企業和進行投資的方法，就能讓錢為你工作。

美國投資家　羅勃特・T・清崎

執著你的本業

執著於你的本業，做出自己的特色，總有一天，成功會來敲你的門。

投資致富有兩個撇步，一是投資理財，一是投資自己，投資理財的不二法門，就是固定地儲蓄和投資。投資自己呢？就是「創業」，創業並不一定是要辦公司或開工廠，而是指建立起「自己」的事業，只是為了薪水而努力工作是很危險的。

投資自己的原則是：工作不只是賺老闆口袋裡的幾萬元，是為了創造屬於自己的資產，特別是要做你所愛，愛你所做，如此一來，你才會做得認真，做得快樂，有一天你的熱情、執著是會被看見的。此外，你要發展出別人沒有的特色，擁有別人難以掌握的專業，培養自己的獨特價值，持續地努力，不要擔心，總有一天一定會出頭。

我在錄節目時，曾經來了一對魔術夫妻，兩人開了一家用變魔術來吸引客人的餐廳；另外，還來了兩位年輕又漂亮的辣妹西施，在馬祖開計程車，吸引了很多阿兵哥的光顧，據說一個人月入五萬元，換做是在台北，開計程車哪有這麼好賺的呢？

不過，魔術夫妻坦言，咖啡廳的生意是越來越清淡，我心想：因為專注的不是賣咖啡本身，單單靠魔術是做不久的；相同的道理，辣妹賣的是年輕和美貌，靠的是短期上的收入，卻缺乏了長期投資自己的規劃，反而失去了向上提升的機會。所以，投資自己，要培養自己和社會競爭的實力，靠外在的浮象或包裝出來的噱頭是不會長久的。

吳念真算不算創業呢？是啊，大學讀會計系的他，即使所學和所從事的領域不同，沒有外在的虛幻包裝，也不是出生世家，更沒有開大公司。但是，他導演的片子，一定是好片子，「吳導」就是一家品質保證的公司，他的導演費收入，挺嚇人的。孫翠鳳，也是打響個人品牌的絕佳例子，只有高中畢業的她，唱歌仔戲唱了大半生，唱出了一片天，提到明華園就想到孫翠鳳，提到「國粹歌仔戲」，最佳代言人也是孫翠鳳。她，為什麼可以唱出自己的一片天呢？就是因為她執著於歌仔戲藝術，因為她專注本業，她拍很多廣告，也賺了很多錢。

再看天后歌手阿妹，沒有顯赫背景，但是她的歌聲就是很美，為什麼她會成功呢？因為她把唱歌當成生命，當成自己一生的事業，她執著的就是唱歌這件事。

前蘋果公司董事長傑伯斯說：「與其在大企業中混混沌沌地度過一生，倒不如鼓起勇氣，為實現自己的理想而奮鬥。」**創業就是執著在你的本業，然後做出自己的特色，總有一天，成功會來敲你的門。**

跑了十年的新聞，我每天都紮紮實實地工作十幾個小時，唯一的念頭就是認真打拚屬於自己的事業，每一個人都一樣，當你的努力超過了自己的要求，執著高過了對自己的期待，這就成為督促你進步的本錢，養成你邁向成功的工作習慣。

朱銘，他的雕刻作品是台灣唯一在法國羅浮宮美術館受到肯定的藝術品，說真的，在台灣還真沒有一個人的藝術作品能受到如此國際的殊榮，而朱銘他辦到了，並且從此用生命來雕刻藝術。

早年的朱銘，在苗栗三義，和大多數的學徒一樣，從事雕刻的「工作」，每十天「生產」一件諸如關公、觀音、彌勒佛這些作品，一件作品有一定的賣價，他就像一部機器，反覆做著一件又一件相同的仿製品，賺取和一般「雕刻匠」一樣按件計酬的薪水。然而這樣的日子對於一個具有理想又擁有藝術細胞的朱銘而言，日子可謂是痛苦難熬，當他每「生產」出一件作品，就覺得自己好像是個專為「製造」雕刻品的空殼子，缺乏靈魂與生命。一天他終於下定決心，即使三餐不得溫飽、生活必須困苦，他也要開創一條新的道路，真正為自己的事業打拚，於是乎，他立志走向創作的路線。

終於，他日以繼夜的創作，讓他發展出結合中國文化意念的太極系列聞名於世，他獨一無二的雕刻作品就這樣脫穎而出，除了他每一件作品的賣價飆漲之外，他也開始獲得各界的好評，他不再是一位職業雕刻匠，而是一位有生命的「雕刻大師」。朱銘美術館誕生在台北縣金山的一角，那就像一座台灣人的精神指標，不時提醒著我們：當你做的事情與眾不同，有自己的特色，就會博得大家的尊敬。

如果你不是盤算著一天上班要賺多少錢，不是看老闆臉色做事，而是把工作當事業來看，建立在自己很有興趣而執著投入的基礎上，放心，有一天一定會出頭。就像中國人常說的：「付出會有回報的！」

吃苦當成吃補

小時候種田的苦，讓我有過人的毅力和體力，培養了把一件事情完成的堅持。

我小的時候，六歲開始要養鴨、養鵝、養雞，七歲要養牛，八歲就去種田了，印象中，童年一直到高中畢業我都在田裡面過活，真是苦的一塌糊塗，不過**這樣的苦，讓我培養了體力和毅力，以及一件事情一定要做到完成才能走的堅持**。

說起種田，我曾經因為噴農藥中毒昏倒在田裡。我的父母種田也種得很辛苦，我爸爸因為太累了而在田裡昏倒過，所以，孩子們不忍心看父母親這樣辛苦，都會一起幫忙。

我爸爸是種菸草的，晚上要烤菸草到十二點，凌晨四點的時候，我爸爸會把我們這些孩子叫起床，把烤乾的菸草拿出來，把濕的菸草再放進去。因此我的童年常常沒睡飽，我經常一邊做事一邊打瞌睡，我記得那時候要用針把菸草的梗全部串在一起，串在一起再把菸草拉到繩子上面，吊到菸寮裡頭，有時候，很想睡覺，就會「嚓」地一聲，針去扎到手，即使流血還是得繼續做下去。

手長繭，腳磨破皮都是家常便飯，想睡覺時也要忍耐，直到做完為止。晚上吃飽飯以後，要去稻田裡割稻子，田裡很暗，同樣是常常割到手，我的手現在還留有刀痕，流了血，也是用草敷一敷、包一包就繼續割。我的父母親對孩子們的要求很嚴格，每當我一把事情做完，就馬上衝回去睡覺，四點鐘再起床，所以，我小時候幾乎都沒有睡飽過。而這些苦頭，都成為我工作上的堅定毅力。

還有更苦的，半夜十二點要去做「偷水」的工作，對於生活在當今物質富裕的年輕人而言，一定一臉訝異：「水還需要偷嗎？水龍頭打開不就就有水了？」是的，民國六十幾年時的情況還真是這樣，當時由於酷熱的夏季來臨，每戶農家都必須輪流使用水，當水不夠用時，農人只好想出「偷水」的辦法。

因為水要輪流灌溉田地，父親便指派我負責「偷水」的工作，就這樣，正當我十五、六歲的年紀，半夜十二點一到，獨自一人花個把鐘頭走向水源，沿路要經過黑漆漆的田地和竹林，這對一個小孩子來說真是心靈的折磨，心裡相當害怕。四下無人的深夜，我要從水源把水閘導入我們家這一區田地，然後再跟著水走，看著水流到我們家的田地才算完成工作，因為有的時候水流會被另一個「偷水」的人截斷；有的時候水的渠道內有很多老鼠會挖洞讓水漏光，所以隨身還要帶把鋤頭，用土把洞補滿，讓水能順利地往前流，直到水灌滿為止。

晚上十二點對一個青少年來講，是很大的體力負擔和精神壓力，既不能睡覺，黑漆漆的森林，即使很害怕也不能帶手電筒，騎腳踏車會「ㄎ一ㄎ一拐拐」的發出聲音，帶狗壯膽，狗會吠，而被人發現。一個人深夜走入田野，真是一種折磨。

隔天一早要上課之前，還要把牛牽到溪邊綁著，讓牛可以喝水又可以吃草，六點半趕快養雞、養鴨、養鵝。七點多，吃個早餐上學去，八點鐘到學校等著被打屁股，為什麼？因為人家都在升旗或早自習，而我卻遲到，那時學校距離我家騎腳踏車要一小時，但是當時的訓育組長，卻不接受我遲到的原因，給我吃「藤條炒肉絲」，整整吃了三年。

每次上課時，第一節課我都在打瞌睡，因為實在太累了，看著同學家中很多都沒有種田，我真是羨慕極了。不過話說回來，後來我發現，在我們家長大的小孩，出社會以後，比較有競爭力，更能吃苦耐勞。**人際溝通大師卡內基就說過：「你們應當注意那些十分貧苦的孩子。得到最後勝利的，往往都是這類人。」**那段日子讓我在精神上和體力上磨練了很多。現在的我，每天工作長達十幾個小時，有很多人問我：「你不累嗎？」我說：「累啊，但是也沒有小時候那麼累。我現在都還能睡飽吃飽，小時候還不行。」

什麼叫苦？這就是苦。小時候吃苦的過程，讓我在社會上打拚有超越常人的毅力和耐性，以及一定堅持到最後的精神，這就是我吃苦當成吃補的深刻體會。

很多人都說年輕人吃不了苦頭，是一丟即爛的草莓族，其實，上一代罵下一代是百年不變的傳統，我相信這些草莓族以後也會罵下一代的。以前，只要一有什麼事情做不好，長輩就會用台語罵我們：「吃飯鍋中間的，什麼都不懂！」每一個時代的年輕人都有缺點，也有可取的地方，在某個時代要生存，人們自然就會找出生存的方法來，我覺得不用太擔心的。

從前，我的確是過得很苦，物質條件很不好，小時候的記憶除了去學校讀書之外，就是種田。不過，我發現我的兒子和女兒也不見得有多快樂，雖然吃好的穿好的，但是每天要拚得就是基本學力測驗，不苦嗎？也未必啊，他們有他們尋找快樂的方式，承擔痛苦的能力，像是用ＩＣＱ上網和朋友聊天或打一局電腦遊戲等，這是他們的時代，時代自然會創造出他們的未來。

我希望年輕人都能把「吃苦當成吃補」，我相信「讀萬卷書，行萬里路。」多聽多看，多學多做，會有用的，父母親的堅持做給孩子看，都遠比課本裡的知識重要。

不怕挫折，堅持到底

害怕，不能解決問題，堅持到底，路再怎麼難走都不放棄。

我剛開始採訪新聞的時候，壓力大得不得了，當時，只是一個亞東工專考上報社的一個菜鳥記者，學工科的我，金融新聞對我來講是很專業的，我經常很害怕、恐懼，其一，怕的是找不到新聞可寫，其二，怕出去跑新聞時找不到人採訪，其三，怕的是被人家取笑或被拒絕。

為什麼有這些恐懼呢？因為我所採訪的人多半是產業界或金融界的主管，要不然就是政府大官，每次好不容易約到人要訪問時，對方第一句話都會問：「你是讀什麼學校的？」這些高階主管，通常會先用學歷定位你的程度，所以一旦學歷不好再加上專業知識不夠，那麼，出去採訪肯定要先吃一頓閉門羹，搞不好對方連理都不想理你。相反地，如果是國立大學畢業的，或者是從美國名校留學回來，就會很受重視。我當時真是感慨，這個社會很現實。

不過，挫折怎麼也抵不過一顆執著向上的心。後來，我花了很多時間泡在中央銀行的圖書室讀有關金融的資料和書籍，還請那時候的央行外匯局局長彭淮南（目前是央行總裁）來幫我們上課，老實講，跑財經新聞的記者，程度都很不錯，有國外留學回來的，有很多國立大學的，多半是讀經濟系、金融系的，也有讀研究所的，面對這麼多高材生的競爭，我格外努力，可是縱使我加倍努力，壓力還是很大，經常緊張到徹夜難眠。

因此，我曾經有一段逃避期，有一陣子我幾乎想把自己給關起來，如果當天壓力大到不敢出去採訪新聞，或沒新聞可寫，我心裡都會想著：算了，我不想出去跑新聞了，於是和老闆請假開溜。**但逃避不能解決問題，這樣的日子越多，我就越是恐懼。**

有一天，當我又請假時，我看到路邊的建築工人們正在辛勤地搬磚塊、蓋房子，不禁令我想起了小時候種田的日子，想起了老爸頂著烈陽，在田裡耕種常常做到昏倒的情況，我就對自己說：「這點苦算什麼？一點挫折有什麼了不起。」於是，我終於想通了，**無論是被人取笑或被人拒絕、有新聞或沒新聞，有約人或沒約人都好，我就是要出去跑新聞，路再怎麼難走我都不會放棄。**

從那次以後，我再也不怕挫折。最值得紀念的故事，就是我採訪到當時的央行總裁張繼正，由於央行是一個很保守的銀行，它制訂國家的貨幣政策，和記者互動一向很保守封閉。

當時央行的貨幣政策對台灣的經濟影響很大，大約民國七十六年左右，台幣每天都升值一分兩分，而美元則一直貶，最低還曾經貶到美金一元換台幣二十四元左右，害死了很多出口產品到美國的企業，因為匯兌的關係，弄得很多公司虧損，倒的倒關的關。說穿了是美國的施壓，因為台灣對美國出超太多，賺很多錢，所以美國官方才要台幣升值。

央行為了照顧台灣的企業，因此不希望台幣一下子升得太快，所以就緩步升值，一天一分這樣升，那時候的外匯市場大家都很關心，新聞常常放在頭條的版面，因此，我便開始到央行門口去等央行總裁張繼正，每天準備一些問題去問他，可是張總裁是很保守的，根本不對記者講話的。

憑著一股不怕挫折的衝勁，每天早上，準時八點鐘，我守在央行門口等總裁進門上班，張繼正進辦公室的時間很不一定，八點、八點半，有時候是九點多來。每天一早來我沒啥事做，總裁如果九點才到，我八點就和央行門口的警衛聊天打屁，每天這樣聊，久了就混得很熟，最後竟然成了朋友。警衛也很夠義氣，經常和我透露總裁的消息，如「總裁早上先去看醫生。」「總裁早上去做禮拜。」「總裁和太太在某某地方。」「總裁早上請美國的貴賓來飯店用早餐。」或者，張總裁快到公司時，警衛也會和我說：「總裁快進來了。」「總裁進來了不要講話，他今天心情不好。」「總裁女兒今天生日，今天很高興。」等，警衛知道總裁每天的行程，我就得到了不少有用的「關鍵情報」，至少拿捏了他今天的心情。

當他進央行之後，我就陪他一起搭電梯上樓，我們倆在電梯裡面大眼瞪小眼的，跟著他時，我都把握機會問他一些問題，如：「總裁啊，為什麼台幣今天升值兩分？」「美國那邊有沒有什麼動靜啊？」「美國有沒有什麼消息過來呢？」如果看他臉色不對，我就談點輕鬆的話題，如：「總裁今天氣色不錯喔！」「總裁早餐吃了沒？」儘管他不開口，我還是每天和他說話，他跟我坐電梯時都看著那個跳燈，大概覺得我很煩，就是這樣，我陪他坐電梯，然後自言自語了一個月。

有一句義大利名言說：「走得慢且堅持到底的人，才是真正走得快的人。」這樣一個月的「問候」，有一天，他終於開口了。

記得那天我一如往常向他問好，他突然跟我說：「你昨天寫那個什麼鬼東西啊！」頓時我嚇了一大跳，當時只有兩個感覺，一個感覺是很高興他終於開口了，還證明總裁看過我的新聞，可是另一方面，又很驚慌地想：是不是我寫了什麼，讓他這麼生氣？後來聊起來才知道，原來是一則新聞惹的禍，討論的是中央銀行和經建會對貨幣政策看法的不同，雖然我支持央行緩步升值的貨幣政策，但新聞並沒有說得很明白，而總裁生氣的是那則新聞的標題：「經建會『強姦』央行的貨幣政策！」因為「強姦」這個字眼對保守的央行而言是很難看的，於是我就和他解釋：「標題只是為了吸引人，那個措辭我也覺得很有爭議啊。」從那次以後，張繼正常常都會和我講話。

關鍵法則

1找出所恐懼的問題所在，努力克服它。
2自己缺乏的部分，一定要花時間去學習。
3事件本身並不重要，你對事件的反應才是關鍵。
4堅持到底的道路看起來很遠，卻是達成目標最近的路。
5不怕挫折，事情都會變得簡單。
6讓人信任，是贏得友誼的第一條件。

後來，一切都變得很順利，我進電梯以後就和他討論央行的貨幣政策。

「今天外匯成交量很大。」

總裁就會說：「對啊，量很大，貨幣波動就會大。」

「那美國那邊呢？」

總裁會回答：「美國壓力很大，總得慢慢來，不然企業怎麼辦呢？」

雖然只是短短的三言兩語，但這些話對我而言，所透露的訊息都很重要，「總得慢慢來」就表示央行絕對不會讓台幣快速升值，企業可以知道央行的貨幣政策，曉得該怎麼避險。

「美國壓力很大」就表示台灣與美國互動很密切，民國七十六年左右台灣有一千億美元

（折合台幣三兆多）的外匯存底，對美國來講，台灣是個超級存款大戶，算是美國資金的主要供應者，如果一家銀行存個幾十億美元，就不得了。而台灣也買美國的債券，是美國重要債券的前幾名支持者，常常來台灣拜託央行買美國的債券。所以美國的動態很重要，總裁簡單俐落的回答，給我很多可以參考的蛛絲馬跡。

如此一來，我每天只要把外匯市場的收盤，再把中央銀行總裁今天所說的話（因為他的話很有份量）寫成新聞，就很夠看了。友報的記者比我資深，年紀又比我大很多，可是他並沒有像我一樣一大早很勤快地去守在央行門口，等總裁進門，所以常常在漏新聞，漏到最後就被報社換掉了。如果當時我的臉皮不夠厚，有勇氣和總裁大眼對小眼一個月，他是絕對不會信任我而願意和我講話的。也正因為這樣，我對自己也越來越有信心，更加謹慎地寫金融新聞，因為我知道，有位信賴我的長官正在看我的新聞，而我的新聞寫出來對社會影響的層面也很大。

由於信任，我贏得張繼正的友誼，甚至還會追到他家去請教他一些關於金融或財經上的問題，他看到我就很高興地和我說：「你怎麼在這裡？」而我，也打從心裡覺得充滿信心和喜悅。

回想以前的我，既封閉又害怕，越是這樣，我越是不會有新聞寫，久而久之，被社會淘汰是一定的。我對工作的堅持，努力和認真，不怕吃苦的精神，感動了別人的心，讓人願意與我交談。我從對金融新聞一竅不通，到願意學習，最後能成為專家，都是因為我把工作當成自己的事業來看，加上不怕被拒絕、鍥而不捨的態度，讓我跑了不少獨家的新聞，建立起在這個領域專業的工作價值。因此，天底下沒有不可能的事，機會都是掌握在自己手裡的。堅持到底，絕對是值得的。

路是越走越寬

離開，成就更大。打擊你的人，你不滿的人，是你的警惕，是你的貴人。

常常你很不滿的人，反而是你一輩子的貴人，這是我的深刻體會。

記得當兵的時候，連長對我很兇，常常找我麻煩，有時候休假回到營部後遲到兩分鐘，他就會給我剃光頭關警閉，但是後來正因為他，我才學會「凡事要準時」的道理！現代人忙得不可開交，常常找理由來搪塞自己遲到的原因。前裕隆總裁吳舜文女士就曾經說過一句話：「不要和我講任何理由，如果你重視這件事，就不會遲到。」所以會不會遲到端看你對事情有多少重視。

遲到似乎是微不足道的小事，但是小事是成就大事的基礎，台中市長胡自強先生在當外交部部長時，有天我去聽他的演講，有一句話讓我印象深刻，他是這麼說的：「每一個人都會把大事做好，即使戰戰兢兢地也會把它做好，但是，很少人會把小事當大事來看，把小事情做得很好。」也就是說，任何一件小事，能看出你對事情重視的程度，注意細節，絕對能讓你受到敬重。這就好比一個人成長的道路，都是由小成大，由窄變寬。

我在中時報系做了十年記者，最後離開就是因為遇到「貴人」。十年來，我做到政經新聞中心的副主任，當時我要幫組員打考績，上層告訴我平均是八十六分，意思是表現好的可以給九十幾分，表現差的就給七十幾分。

當我看到總編輯幫我打考績時，我就決定要辭職了，因為他給我打八十四分，我是一個政經新聞中心的副主任，顯然地我比一般組員都不如，還在八十六分的平均之下。那是總編對我的觀感，我並沒有怪他。由於愧對自己的表現，我就萌生辭職的念頭。而我們社長很欣賞我，找我談了辭職的事，他說：「弘儀啊，總編剛來，不了解你，你放心啦，我知道你表現得很好，我幫你把考績調到九十分，再把年終獎金和年薪調高。」

這讓我想到CNN的創始人泰德透納說過：**「我從未在問題中迷失自己，反而更堅定地往目標邁進。」我並未受到高薪的吸引而留下來，決心走自己的路。**

剛好非凡電視台也向我招手，非凡的老闆說：「弘儀啊，電子媒體和有線電視正在崛起，你不來躬逢其盛不是太可惜了嗎？」這句話對我來講，有很大的影響，震撼了我在平面媒體走了十年的心，而離開以後，路是真的更寬廣。

在非凡電視台的時候，當我做到新聞部經理，非凡的總監實在和我不合，凡事都不對頭，這個總監又使我起了離開的念頭，我發現，這次的離開，成就更大，我更有機會做我想做的事，後來我到年代產經台當了主持人和監製。

如果沒有這些人，這些事，沒有你感到挫折、無奈和不滿的時候，沒有這些「貴人」的提醒，就不會逼我走出來繼續接受更大的挑戰。**挫折反而是轉機的開始，你不滿的人反而是你的貴人**。

但是，離開不是意氣用事，也不是逃避問題，一定要清楚自己的方向，要有把握，有準備，有不怕接受挑戰的精神。換句話說，在走自己的路之前，要先把自己的實力準備好。很多人一遇到困難，就會很衝動地說：「老子不幹了！」，可是回到家才發現很後悔。所以即便是要離開，第一，要有所準備，謀定而後動，找好可以銜接的工作。第二，遇到不滿的人，也不要去扯破臉，彼此之間留下好印象，給自己也給對方台階下。第三，任何事情，一定要站在對方的立場著想，公正客觀，才不容易迷失方向，因為當你心裡面充滿著情緒時，就很容易走錯路。

關鍵法則

1小事是成就大事的基礎，路是越走越寬廣。
2如果一個工作逼你離開，也許是轉機的開始。
3離開你的工作崗位之前，要有所準備。
4站在別人的角度思考事情，理性思考，你的判斷才會正確。

路是越走越寬，因為我的收入變多了，影響力變大了。在中國時報當主管時，帶幾個記者，寫一些文章給大家看，後來離開報社到非凡電視台，再到年代產經台，到現在做了自由的媒體人，越來越有成就感。

記得英國諺語說：「對於一艘盲目航行的船來說，任何方向的風都是逆風。」在這些離開——轉換跑道——重新成長的過程中，每個階段的我都清楚自己的方向，進而虛心學習，接受挑戰。

下面我要說的，是想與大家分享，一路走來，我擁有什麼樣的價值呢？一是經驗，十六年財經新聞的豐富歷練以及七年的電視經驗，這都是讀者和觀眾一路走來對我的信任。就像TOYOTA的車一樣，因為其品牌已經在消費者心中紮根，只要新款一出，大家都會很放心地購買，就像可口可樂做出來的可樂消費者會喝，那是因為大家信任這個品牌，如果有新的可樂品牌出現，很多人不見得敢嘗試，這就是信任。

贏得信任必須走一段長路，接受檢驗。

十六年就是個別人很難跨進的門檻，是一個長時間累積信任的過程，被信任的過程是不容易栽培的，真的要一步一腳印的走。所以做任何事情，都要有長期投資的觀念。只要你接受的挑戰越多，路就會越走越寬，你所進入的門檻也越高，在社會上就越有價值，越被信賴和敬重。

關鍵法則

1瞭解自己的目標和方向，才能正確的往前走。

2每一個生命的階段，都要虛心學習，接受挑戰。

3長時間累積經驗的過程，就是栽培你在社會上被信賴的過程，路越走越寬，價值就越來越高。

2 人脈，助你成長

我今天所取得的成就，並不是說明我比前人要高明許多，而只不過是站在前人的肩膀眺望，自然看得遠一些罷了。

科學家牛頓

阿甘精神

阿甘精神，就是誠懇自然地與人相處，讓人感到你是值得信任。

談到累積人脈，千萬不能很現實，有利用價值的才當朋友，沒利用價值的就擺一邊，或者是只結交很風光的朋友，而不去理會那些無名小卒。平常交朋友，是出於互相幫助和關懷，一來你自己才會從交朋友當中得到快樂與溫暖，二來別人和你交朋友也會感到你是值得信任。

現在的工商社會，老實認真的人少了，狡猾又皮條的人是越來越多，不過，可能是太多人有這種被「虛偽」的人坑一筆的經驗，**所以現在的老闆，可是愛極了那種忠厚老實，可以信任的人，而願意把機會交給他。**

高中我讀的是嘉義高工機工科，畢業之後到五金行送貨，當時，送貨員陸陸續續騎著摩托車來上班，一邊吃早餐，一邊等八點多開門。老實講我那時候也沒有什麼事做，加上路又不熟，於是每天都提早出門，大概七點多就到了（通常我是最早到的），到了以後，就隨手拿起掃把將公司門口掃一掃，拿抹布把公司門面擦一擦。這五金行的老闆就住在樓上，老闆的爸爸媽媽每天早上都會出來做運動，看到我這樣認真地幫他們清理門面，就大聲誇讚我：「少年，這呢好，ㄍㄡ幫阮掃土腳（ㄊㄛ　ㄎㄚ）！」（編按：台語「掃土腳」就是掃地的意思）。

後來老闆聽他父母說了這件事，就說我這年輕人真是很老實，很喜歡我，於是請我去收帳款，那時候很多業務員都會搞鬼，與廠商串通起來抽佣金。雖然我對業務的事情不熟，但是老闆還是覺得我很值得信任，而願意把工作交給我。

有一天，我去一家公司收款，那老闆給我的是即期支票，我沒看過，心想：以前收的都是期票啊，這可以用嗎？於是我就死賴在人家公司那裡不肯走，要那個老闆給我可以用的「期票」。後來他也受不了我傻傻地站在他公司門口，就電話打給我的老闆說：「你怎麼有這種業務員這麼ㄊㄧㄢ啊？」（編按：台語的ㄊㄧㄢ就是很白木的意思），我想完了，被人家說ㄊㄧㄢ，但沒想到天公疼傻人，老闆不但要重用我，還要升我職，讓我當正式的業務員，不過，後來我去考二專就沒繼續做了。

回想起來，我那時候真有點像阿甘，憨直沒有心機，直到現在，我還是秉持著誠懇、腳踏實地在做事。這說明了如果一個人聰明又狡猾，八面玲瓏，見人說人話，見鬼說鬼話，也未必得人緣，更未必沾得到好處。只要認真做事，算薪水時老闆絕對不會虧待你，「吃虧就是佔便宜」不是沒道理的，做人處事，交友都不要怕吃虧。

英國歷史學家費勞德說：「一棵樹如果要結出果實，必須先在土壤裡紮下根。」「不怕吃虧」就是一種紮根的付出精神，交朋友有時候只是作個順水人情的舉手之勞而已。今天你給人一份情，改天他一定會回報給你的，即便是不求回報的付出，那也放ㄏㄡˇ伊自（ㄗˇㄨ）然吧，這就是阿甘精神。

關鍵法則

交朋友的第一步，就是要誠懇，不求回報的付出。

很多企業領導和財團大老就是這麼在做人做事的，對於建立人脈這檔事，常常做得讓人心服口服。

舉個例子來說，在國內，有些財團其實是有噴射客機的，大概是八人座的大小，一架台幣大概要花幾億才買得到，而養飛機更貴，必須花錢請正副機師、服務員以及維修保養員等。這豪華飛機要幹嘛用呢？通常除了老闆自己坐，也給客人坐，誰是這老闆眼中的上上之賓？答案是——只要是他想接待的人就是客人，管他是大官還是小官，大企業還是小公司，也許只是個知心的好朋友，曾經幫助過他的人都不一定。再不然就是把飛機借給別人，多大方啊！只要打聲招呼說：「有個客人不想坐大飛機，可不可以送他一程。」飛機馬上咻的一下飛過來載人。

這些財團養得噴射飛機平常不會停在國內的機場，因為政府還沒有給予准許，而是停在菲律賓的馬尼拉機場，如果有人要坐，到台灣只要短短一小時。

十幾年前，菲律賓的蘇比克灣開發了工業園區，近三百公頃的土地上，要建設貿易港口、開發海運和空運等交通設施，以及發電廠、辦公大樓和工業用地等，當時台灣經濟部積極與菲律賓合作，一同發展這塊土地的商機。我曾經就到這塊新興工業園區去做專訪，住了幾天，每天就乘著巴士在當地繞啊繞地觀察，有時候還要下車走一段路，拍拍照片。某天下車時，突然，天空「咻」的一聲，一架小型噴射飛機在我們頭頂上飛來飛去，正想問人的時候，馬上有人回應說：「那是台灣某財團的噴射客機，台灣的部長坐飛機來考察蘇比克灣。」我只見那飛機在空中環繞了幾十分鐘，也沒看到人下來，咻的一下又飛走了，我心想：這種鳥瞰的考察方式，還真是省時有效率。

這就是財團花高額成本，做人情、養人脈的頂級絕招，因為一個政府官員，如果不是總統有空軍一號可坐，實在很難有這種機會可以坐上專門為你而開的飛機，這個周到服務是讓人忘不了的，這時順水人情就做成了，坐飛機的人就欠了人家一次人情。另一個有噴射客機的財團，一樣是招待幾個商界和政界的好朋友去巴塞隆納看奧運，八人坐的豪華小飛機，兩個空服員，夠讚了吧！我猜他們在機上一定快樂地談生意。

其實，不需要有錢才能有這樣的服務精神，想要建立人脈，就要心胸寬大，抱著能被人利用是件快樂的事，吃虧就是佔便宜的心態，能服務別人時就不要吝嗇。只要從生活中很多細節開始，那麼，你就能很快地得到別人的敬重。

關鍵法則
時時體察別人的需要，從生活的細節開始，去幫助別人。

有位女企業家就和我抱怨過：「我最感冒那種很會說話的公關人才，每次打電話來就知道沒好事，雖然她連我的生辰八字、日常作息、生活喜好都摸得一清二楚，啥都知道，好像是很好的朋友。但是這麼多年來，每次關懷一番以後，就是有事要請我幫忙，雖然都是些小忙，但我心裡實在沒辦法信任她，把她當朋友。」

為什麼這位女企業家這麼說呢？因為她的朋友太有「目的性」的找她了。所以，要有廣泛的人脈，不能帶有目的，那很容易失去別人對你的信任，工商社會要活得真一點、誠一點，套一句年輕人的話：「凡事不要太ㄍㄧㄥ！」，自然一點，你活得自在，別人也快樂。

關鍵法則

真一點，誠一點地與人相處，好朋友自然圍繞在你身邊。

進入一個人脈POOL

POOL是一個可以認識很多人的地方，進入POOL之前，要先充實自己的實力。

每個領域會接觸到不同的人，在金融界，就有機會認識到銀行、證券、保險或投信等相關人員；在電子科技業，就會接觸半導體、IC設計、封裝測試、被動元件等公司。我跑了多年的財經新聞，所認識的人涵蓋了大中小型企業、政府機關如經濟部和財政部等，因此交了很多產業界、金融界的朋友。松下幸之助，是創辦松下電器的企業家，其得力的左右手高橋荒太郎的工作態度就是：**抱持著人外有人的謙虛態度才能不斷地成長**。這些多年累積的人脈就幫助我做出正確的新聞判斷，每當我有難題，都能夠向這些專家、企業家們請益，而當我要採訪某個人，我一定盡全力瞭解有關他的事。

因此，建立人脈的關鍵，就是要進去一個ＰＯＯＬ（水池），而這個ＰＯＯＬ裡面有很多人可以認識。我鼓勵現在的年輕人去跑業務或當記者，雖然這兩個職業壓力很大，薪水也不多，但是這個ＰＯＯＬ從企業大老闆、主管級人物、政府官員以及各行各業的人，能接觸的人是又多又廣的。當工作有挑戰、有成長，就讓人變得機智、聰明，這就是建立人脈的開始。

ＰＯＯＬ是一個介面，讓你能多面向的與人談話，互相學習，使彼此有成長。

很多女生想要認識黃金單身漢或嫁給有錢人，就會去高級時裝發表會、名媛聚會或名流等ＰＡＲＴＹ，因為許多豪門貴族都會出現在這些場合當中，這個就是一種人脈ＰＯＯＬ。為什麼很多人喜歡去參加獅子會、扶輪社、品酒ＣＬＵＢ、讀書會和高爾夫球俱樂部等私人社團，也是因為這些地方都是可以認識新朋友的。很多政府高官、企業家不是都很喜歡打小白球嗎？其實除了健康之外，還有社交的目的。

前幾年，到政大讀了ＥＭＢＡ碩士學位，一方面我可以在學問上繼續精進，另一方面這些學校的同學、老師們都是沒有利害關係的，我因此自然而然地認識很多產業界的高階經理人，這亦是一個人脈ＰＯＯＬ。

關鍵法則

1人脈POOL，意味著一個你可以交許多朋友的地方。

2交朋友，要能互相學習成長才是最重要的。

我比較不喜歡那種當廠務，穿藍色衣服，早上八點進去，下午五點才出來的工作，每天跟人接觸的時間很少，特別是當技術員之類的，進去工廠工作之後，就是不斷地對著機器，每天接觸只是那十幾二十個人，沒有很好的機會可以再學習新的知識，所以很容易被社會淘汰。

我曾經進去過做晶圓的無塵室，在裡面工作的都是大學畢業的工程師，除了一堆電腦儀器之外，大家都穿著只能看得見眼睛的防塵衣，同事彼此之間只認得名牌，連話都難得說一句，那種工作真是違背人性互動的需要，一早進去，晚上才能出來。我相信這些人有更大的勇氣和毅力，承擔那麼艱難的任務，但是如果想要建立人脈，就不要去做這種沒有和人接觸的工作。

不過，可不要以為認識一拖拉庫的人，或黑白兩道通吃，有些企業大老、政府高官等大人物的朋友，就「跩」得以為自己很成功，認為靠這些人脈準有吃不完的金山銀山。是這樣嗎？很多有錢人都認識很多人，但後來也全部垮了，親友們六親不認不在少數。有一位企業家的第二代就是如此，他是最早在台灣買保時捷的人，仗著家財萬貫，每天玩車玩女人，不把錢當錢用，和女人又糾纏不清，他的每部跑車都幾乎是一個人一輩子的積蓄，一部車兩千萬一點都不稀奇，雖然他人脈很廣，認識很多產業界的大人物，但是公司的股票現在卻變成全額交割股，房子也要被拍賣，怎麼最後搞得這麼悽慘？原因是他根本沒有心想要把本業做好，**所以要建立人脈，最重要的還是自己本身的實力，**你到底有沒有令人刮目相看的能力，特殊的工作價值，能讓別人主動想和你交朋友是重要的事情。

雖然我說要進去一個人脈的ＰＯＯＬ，但是不要進去這個ＰＯＯＬ以後反而被人家瞧不起，那可就偷雞不著蝕把米，目的沒達成，搞不好還惹來人家背後的閒言閒語。我們的生命總是有利於他人，不是作別人的榜樣，就是別人的警惕，千萬別作別人的警惕。

我去採訪一個人，一定認真準備對方的相關資料，並且問一些切重核心的問題，最怕的就是問了太外行的事情反而引來對方心中的不快，要是對方心裡想：「這個人根本沒程度，下次我不要再接受他的訪問。」那我就慘了，想要再採訪這個人時，不知不覺已經被人家列入黑名單。

因此，進入一個人脈ＰＯＯＬ之前，一定要有充分的準備，加強自己的實力，千萬不要給人話不投機半句多又沒程度的感覺。換句話說，只要你說話有內涵，又剛好符合對方的知識水準，你就很容易多認識一個具有專業知識的好朋友，互相切磋，互相成長，互相提攜。

關鍵法則
建立人脈的前提是：要有實力和充分準備。

多領域的建立人脈

多元的建立人脈，會增加很多有形無形的幫助。

進入一個人脈POOL是很重要的，同樣的，多找幾個不同領域POOL去認識更多的人，一定能增加更多有形或無形的幫助。無形中，能有意識地學習成功人士的做人處事之道，同時吸收對方的專業知識。

前面提到，不要有目的性地去和人交往，只想到要從對方身上得到某些好處，才認定是朋友，建立人脈要有遠見，平常大家偶而沒事聊聊天，或是不求回饋的付出也行，你永遠不會知道未來會發生什麼事，哪天你真的需要某個人協助也不一定啊！還有一點，**就是要學會聽取別人的意見。記住你自己不可能是位全才，成功通常是同一些多才多藝的智者通力合作的結果。**

我認識一位早年風光的金融業經理，就因為小看了別人的意見而失去了上億的大筆鈔票。

三商銀（彰銀、一銀或華銀）在民國七十八、九年，股價一股都是一千塊以上，即是買一張三商銀的股票要花一百萬台幣，當時，很多已經可以「蹺腳練鬍鬚」（編按：台語「蹺腳練鬍鬚」就是可以退休享清福的意思。）的三商銀中高級主管，財產都在一、兩億以上，金融業紅透半邊天，尤其是三商銀的股票都配了很多，每一個有配到股票的銀行行員或主管，都想說：「退休的日子可好過嘍！」

我認識的這位經理，一下子財產暴增上億，風光得不得了，他也算是頗有實力，真正靠打拚過來的人，那時候，竹科某晶圓公司的高層相中他是位不可或缺的人才，想要找他去當財務長，但是他卻和這位高層說：「啊你們的股價一股才十元、二十元而已，沒有人敢買，只有荷蘭的公司投資，這樣子有前途嗎？」於是他就拒絕了這位電子業的高層，還很不識相的和那位高層說：「我又不曉得什麼叫晶圓代工，又不被看好，像我們現在的金融業就好得不得了，我才不跳槽！」

結果，令他差點想不開的事情發生了，自從他拒絕這家電子公司的熱情邀約以後，接下來，三商銀的股價從一千多塊一路狂瀉到三十幾元，一張要花一百萬才買得到的股票跌到剩三萬多元的價值，他的財產也從好幾億落到只剩下幾百萬的下場，真是風水輪流轉，超級可怕的落差。如果他當時不要瞧不起晶圓代工，有點遠見，聽聽別人的意見，把手上的股票賣掉，再去投資電子，ＯＨ，ＭＹ　ＧＯＤ！他就真的有機會成為台灣的百大富豪了。

這件事情告訴我們什麼？廣泛地建立人脈是多麼的重要，第一，要有遠見，別看不起那些無名小卒，第二，不懂的事情要問清楚，如果這位經理當時能放下臉，問仔細什麼是晶圓代工的話，也許他不會錯過了白花花的上億鈔票。

第三，別選錯站的位置，一個方向錯了，就可能會錯一輩子，俗語說：「女怕嫁錯郎，男怕入錯行。」老一輩人都看女人嫁的老公，就決定這女人接下來會不會幸福。男怕入錯行呢?就是一個男人最怕走錯路，如果這位經理能夠放下當時億萬富翁的身段，給自己多點機會，接觸不同的事業，就不會失去更多賺錢的機會。當時他只覺得金融業實在太好了，而忽視了科技業，表示他沒那個遠見，如果他願意開創新的領域，也許在金融業和科技業就能兩邊沾光。

關鍵法則

1多元多領域的建立人脈很重要，更要有謙虛學習的態度和遠見。

2不要小看不起眼的事物，有時候反而是新的契機。

踩出去才有機會

機會是留給做好準備的人，沒有機會是因為缺乏抓住機會的能力。

很多事情如果沒有去嘗試，沒有勇氣接受挑戰，不敢踏出第一步，就不會有收穫，**勇敢地採出去第一步，不見得會成功，但是一定不會錯過機會**。

很多當業務的年輕人，或者是已經出社會工作不少年的中階主管都曾經問我：「鄭先生，你人脈那麼廣，採訪新聞那麼犀利獨到，你怎麼辦到的啊？要接觸到那些高高在上的人可不容易耶？」其實很多人認為不可能發生的事，是根本沒有去嘗試，不是沒有機會。

我在中時晚報跑財經新聞時，就有一股蠻勇衝勁。一九九一年，蘇聯正式解體，垮台兩年後，報社就派我去採訪垮台後的蘇聯，當時，很多國家都對蘇聯存有經濟上的期望，認為像這樣的大國，應該有不少商機。當時我隨著經濟部政務次長江丙坤，外貿協會的祕書長，以及一些記者、企業主們，一團大概二、三十個人左右，一起到俄羅斯訪問。我們在那裡辦了一個研討會，前蘇聯的商人和台灣的企業主互相交流經濟上合作的意見，討論這個大國有什麼發展機會？台灣能供應些什麼物資……等問題。

我還記得，遠東機械董事長莊國欽在那邊買了一個很小的冰箱，看起來很棒，其實前蘇聯的技術是不錯的，只是一直沒有做出名聲，打響品牌而已。我們還與一些軍火商見了面，對方說只要我們台灣想買什麼手槍、步槍、各種彈藥，甚至戰鬥機、直昇機和船艦等他們都有得賣，這些軍火商並不是軍人，而是民間業者，是拿軍方的東西出來賣，以前的蘇聯是以發展國防為重心，冷戰結束和蘇聯解體後，這些軍火大多出售到其他國家去。

我看見這些前蘇聯的民間企業，對經濟發展的極度需求，當天的研討會非常熱烈，交流也很順利，最特別的是，我們還邀請到俄羅斯（RUSSIA）經濟部長來，即蘇聯（Soviet Union）以前的一部分，來這裡為大會致詞三分鐘，別小看這三分鐘，的確是不得了的事情，因為人家可是大國的經濟部長，是非常忙的，來台灣所辦的研討會算是很給面子，不過，他致完詞之後，就匆匆忙忙的走了。

我心想：這大國的經濟部長，不抓點新聞怎麼行呢？一生可能很難有機會再見到他了吧！於是我二話不說，就一路在他層層圍住的侍衛當中緊跟著他，追上去跟他說：「部長部長，我是台灣派來的記者，想跟你做專訪。」結果那部長連回我一句話都沒有，而且人多到他根本連我的頭都看不到，旁邊那些雄壯威武的跟班馬上把我擋下來說：「沒時間！」

但我還是不死心也不放棄，眼看他就要上車走人了，人還越來越多，擠得我快要窒息，我想：管他的，和他拚了吧！只見人群中我的聲音最大，我使出全身的力氣說：「部長，派我來的報紙在台灣是第一大報，這報紙集團旗下有一份報紙是工商時報（COMMERCIAL TIMES），是台灣發行量最大的財經報紙，我們一天有一百萬的讀者群在看，影響力非常龐大，我們的外匯存底現在有一千億美元，苦無出路，台灣的商人現在都在找最好的投資機會，如果你今天不接受我的專訪，你會後悔！」說完以後，正當我還沒回神，他隔了好幾個人突然轉過身來對著我看，並看了一下錶，那時大概早上十一點多，他對著我說話了：「五點半到我辦公室來。」旁邊所有的人也一起安靜下來，用非常驚訝的眼光看我，事實上，我真的愣住了，一個大國的經濟部長竟然和我說話，還答應我的訪問。

其實，如果我那時候沒有採取主動積極方式，緊迫盯人，追著他，俄國經濟部長根本就不可能答應。也就是說，**我如果沒跨出去那一步，就肯定沒有這個機會**。

後來，我五點多就到俄羅斯的經濟部，那是一棟很大的古典建築，去的時候我才知道並不是我專訪他一個人，而是要我和他們經濟部開一個大會，是什麼會呢？是俄國和世界銀行、歐洲開發銀行連同七大工業國的會議，就是所謂的G7貸款給俄國的經濟發展會議，我還真是第一次同時見到那麼多的外國人。領著我的人，帶我到一個很大的橢圓桌前面坐下，每個椅子前面有張名牌，上面寫著美國、日本、加拿大、德國、法國、英國、義大利等代表，我很深刻地記得，日本代表留著那種典型日本小鬍子，個兒小小的，美國代表比較胖一點，正當我好奇地看著他們時，他們竟然也專注地看著我，眼睛睜得斗大，因為我前面有個「台灣代表」的牌子，有個人忍不住就問起了經濟部的祕書長說：「為什麼會有台灣代表？」祕書長也一臉狐疑地回答：「我也不知道，部長就交代我說今天會有個台灣代表來，叫我做一個牌子給他。」

當時其他採訪的記者，如前蘇聯的國家通訊社塔斯社、真理報還有國營電視台都坐在離橢圓桌旁邊有點距離的椅子上，只有我一個人與G7的代表坐在一起，整個會議他們就一直盯著我看，坐在一起還真是我畢生榮幸，因為他們有的都是白髮斑斑了，來歷也都不小，如果不是經濟參事就是公使或一等祕書，他們開這個會的目的是經濟部長要向借錢給俄羅斯的G7國家報告：現在貸款進行到什麼程度？做了哪些建設？所遇到的困難？等所要接受的監督和詢問。

好不容易你看我我看你，等到五點半時部長才出來，他開始做報告，然後再接受每一個國家的詢問，當所有議題都結束以後，他才跟所有人說：「今天在座有一個台灣來的記者，是台灣最大報的記者，來這邊幫他們國家的商人找尋最好的投資機會，等一下我會接受他的訪問。」聽到這句話我真是感動萬分，這經濟部長還沒忘了我。那時候我才聽到每個國家的代表終於解開了疑惑說：「OH, YES, NOW I SEE TAIWAN IS G8!」雖然語帶消遣的意味，但也不能怪他們，幾個德高望重的國家官員竟然要和我這才三十幾歲的小毛頭坐在一起，又是小國來的記者，難免難為了他們。

後來經濟部長很正式地在這些工業大國（G7）的代表們面前接受了我的訪問，我終於能在極困難的狀況下專訪了俄羅斯的經濟部長，回國後，我的專訪也得到了報社的讚賞。

因此，當你想要認識或訪問一些達官貴人、知識菁英的時候，千萬不要想：「不可能啦！像他這樣的大人物怎麼可能理我。」要記住的是：**跨出去不見得有收穫，但不跨出去你永遠不會有機會。**

2 投資未來：十七年賺進一億元

投資理財是「馬拉松競賽」，而非「百米衝刺」，比的是耐力而不是爆發力。

亞洲富豪李嘉誠

五十歲可以「蹺腳練鬍鬚」

你不可能靠收入致富，而是要藉由儲蓄本金的投資來致富。

無論你現在是幾年級生，都有機會成為億萬富翁，如果你四十歲，正值事業的低潮，人生的轉機，照我的方法，開始理財投資，不到六十歲就可以在家含飴弄孫，享清福。如果你三十歲，還在打拚事業，沒時間想投資理財的事，那你可要有警覺性，好好規劃一下未來，打拚工作的時間是一晃眼十年、二十年就過去，假使不想看錢的臉色辦事，你一定要用我的方法。如果你是六、七年級生，正值花樣年華，別說工作，連玩都還沒玩夠，想要一輩子都過有錢花的生活，那更要履行我的方法，保證你不到五十歲，還挺年輕時，就可以蹺腳練鬍鬚（編按：台語「蹺腳練鬍鬚」為享清福之意）了。

我自己就是這個億萬富翁神奇公式的忠實奉行者，只要你切實地遵循它，那麼二十年賺進一億元絕對是沒有問題的。假設你今年三十五歲，開始遵循這個公式，存十七年，五十歲你就會成為億萬富翁。聽起來像是唬人的，照我這樣講，豈不是每個人都可以成為有錢人？沒錯，大部分人都不相信自己有賺大錢的本事，甚至不敢想像自己有天也會成為富翁，這種心態一方面是對自己沒有信心，一方面是不懂規劃，還有就是不懂投資理財。

很多人想要賺大錢，但卻找不到正確的方法。就像很多人想要在股市撈一筆，但其投資股票的方式與心態都不對，不是每天殺進殺出，就是買在最高點住套房，進場時都只想要趕快賺漲停板脫手，而非波段操作，或是買股票聽信明牌，馬上就中了主力和公司派的計，大漲時捨不得賣，套牢又不設停損點，無怪乎股票是越賠越多，離賺大錢的夢當然是越來越遠。

其實買股票有三大原則：「低點買、買好股票、波段操作」，是有戰略的，這我在後面的篇章會一一詳述，如果你能摸熟並照做，一次波段操作至少也三個漲停板，投資報酬率超過二十%，一年賺一次就夠了。再搭配億萬富翁的公式，從複利的規律來做長期規劃，讓複利發揮效果。如此一來，就像金庸小說筆下的郭靖練得降龍十八掌〈招數〉和九陰真經〈內力〉，包準你天下無敵，五十五歲就可以翹腳練鬍鬚。

假設你今年三十五歲，擁有三百萬存款來做為投資基金，每年投資的報酬率二十%，頭五年每年薪水固定存三十萬，第六年以後每年存五十萬，四十五歲時，該做到高階主管了吧！一年從薪資裡存七十萬應該不難，第十六年五十歲每年存個一百萬，你一定不相信，第十七年你的總資產肯定有一億元，絕對是個億萬富翁了！

讓我們一起來「用力」地算一算：

35歲～39歲每年存個三十萬！
第一年（35歲）：300萬〈本金〉×20％〈投資報酬率〉＋300萬＋30萬（存款）＝390萬
第二年（36歲）：390萬〈本金〉×20％〈投資報酬率〉＋390萬＋30萬（存款）＝498萬
第三年（37歲）：498萬〈本金〉×20％〈投資報酬率〉＋498萬＋30萬（存款）＝627.6萬
第四年（38歲）：627.6萬〈本金〉×20％〈投資報酬率〉＋627.6萬＋30萬（存款）＝783.12萬
第五年（39歲）：783.12萬〈本金〉×20％〈投資報酬率〉＋783.12萬＋30萬（存款）＝969.744萬
40歲～44歲每年存個五十萬！
第六年（40歲）：969.74萬〈本金〉×20％〈投資報酬率〉＋969.74萬＋50萬（存款）＝1213.69萬
第七年（41歲）：1213.69萬〈本金〉×20％〈投資報酬率〉＋1213.69萬＋50萬（存款）＝1506.43萬
第八年（42歲）：1506.43萬〈本金〉×20％〈投資報酬率〉＋1506.43萬＋50萬（存款）＝1857.72萬
第九年（43歲）：1857.72萬〈本金〉×20％〈投資報酬率〉＋1857.72萬＋50萬（存款）＝2279.26萬
第十年（44歲）：2279.26萬〈本金〉×20％〈投資報酬率〉＋2279.26萬＋50萬（存款）＝2785.11萬
45歲～49歲每年存個七十萬！
第十一年（45歲）：2785.11萬〈本金〉×20％〈投資報酬率〉＋2785.11萬＋70萬（存款）＝3412.13萬
第十二年（46歲）：3412.13萬〈本金〉×20％〈投資報酬率〉＋3412.13萬＋70萬（存款）＝4164.56萬
第十三年（47歲）：4164.56萬〈本金〉×20％〈投資報酬率〉＋4164.56萬＋70萬（存款）＝5067.47萬
第十四年（48歲）：5067.47萬〈本金〉×20％〈投資報酬率〉＋5067.47萬＋70萬（存款）＝6150.96萬
第十五年（49歲）：6150.96萬〈本金〉×20％〈投資報酬率〉＋6150.96萬＋70萬（存款）＝7451.15萬
50歲～51歲每年存個一百萬！
第十六年（50歲）：7451.15萬〈本金〉×20％〈投資報酬率〉＋7451.15萬＋100萬（存款）＝9041.38萬
第十七年（51歲）：9041.38萬〈本金〉×20％〈投資報酬率〉＋9041.38萬＋100萬（存款）**＝10949.7萬，即1億又949萬（終值）**

關鍵法則

1億萬富翁的公式是根據複利的規律來規劃的，要實現它，一定要有長久的耐心。

2你的收入，一定要提取十％的資金來作為存款投資之用。

3投資股票是最好的機會，以「低點買、買好股票、波段操作」的準則，一年投資一次，二十％的報酬率是很容易的。

五十二歲成了億萬富翁！

雖然已經有了一億，不過，我們還需要考慮通貨膨脹的因素，轉換為現值來看，算算差不多七、八千萬的退休養老金也很「夭掰」（編按：「夭掰」台語意味很驕傲、很了不起）了，如果你想再多賺點，就繼續投資下去，你會發現，錢可是會如滾雪球般越滾越多，越來越快！

把這個表格印下來，貼在每天看得見的地方吧！

年齡	本金	報籌率	存款	前年本金	加總
35	300	20%	30	300	390
36	390	20%	30	390	498
37	498	20%	30	498	627.6
38	627.6	20%	30	627.6	783.12
39	783.12	20%	30	783.12	969.744
40	969.744	20%	50	969.744	1213.693
41	1213.693	20%	50	1213.693	1506.431
42	1506.431	20%	50	1506.431	1857.718
43	1857.718	20%	50	1857.718	2279.261
44	2279.261	20%	50	2279.261	2785.113
45	2785.113	20%	70	2785.113	3412.136
46	3412.136	20%	70	3412.136	4164.563
47	4164.563	20%	70	4164.563	5067.476
48	5067.476	20%	70	5067.476	6150.971
49	6150.971	20%	70	6150.971	7451.165
50	7451.165	20%	100	7451.165	9041.398
51	9041.398	20%	100	9041.398	10949.7

退休金一千萬，夠嗎？

你不理財，財不理你。忽視理財就像忽視健康一樣，遲早會使你付出沉重的代價。

退休金要是只存一千萬，夠嗎？靠薪水是不會致富的，假使你不懂投資理財，靠死薪水存錢養老，別說想老年享福，可能連基本生活費都會不夠用。

我太太是個國中老師，算算退休金大概三百多萬，若我們夫妻都領相同的薪水，再加上存款，總共一千萬的錢給我們退休，夠嗎？這可能是許多雙薪家庭的未來。二十年前，退休金兩

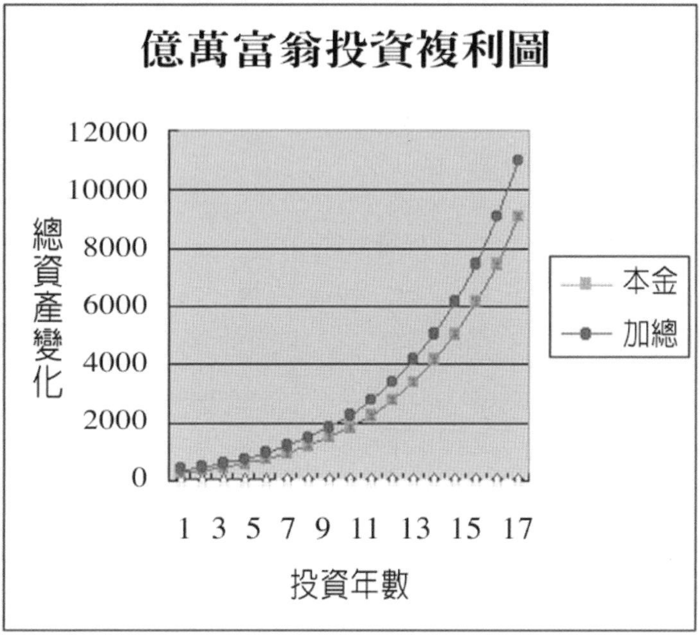

百萬算是很多很夠用了，加上一年又有十二%的高額存款利息，但是未來的一千萬不知道只剩下多少？一對老夫婦，一個人用五百萬來當退休金，要吃要用要住，搞不好還要人攙扶，吃藥打針，五百萬退休真的是太少，**更何況你永遠也不知道未來會發生什麼事，錢會貶，利率會降，都是風險。**

時代的經濟變動，現在利息變成一年一・五%，從前利息卻有十二%那麼高，短短二、三十年，經濟環境就差這麼多。以前我爸爸就常說：「我們家可以靠利息吃飯，根本不用吃到本錢。」還好，我並沒有承襲這種靠利息吃飯的理財觀念。

比較起來，以前五百萬一年有利息六十萬，現在五百萬一年利息只剩下六萬五，算算一個月只能花五千元，夠嗎？光

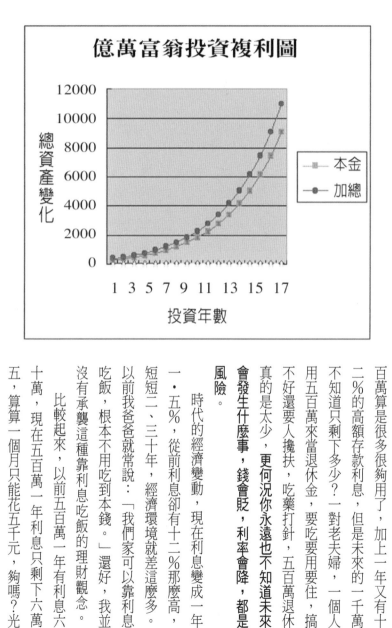

是水電費都不夠了，這種變化實在恐怖，如果很多人還活在過去，沒有正確的理財觀，沒有提早規劃未來，那麼老年生活真是令人「心驚驚」（編按：台語「心驚驚」的意思是令人害怕的）。

我記得小時候，每逢過年過節拜拜要買豬肉，村裡有「店阿頭」（編按：台語「店阿頭」的意思是雜貨店），隔壁有賣豬肉的攤子，我和我爸爸早上就騎著「武車」（編按：指載貨用的腳踏車），去買豬肉，那時候根本沒有塑膠袋，只用芋頭葉包裹著豬肉，當時我印象很深刻，聽到豬肉店的老闆和我爸爸哀悽地說：「有一個村裡人才六十幾歲就死了。」他很是感慨地講：「哇！我自己都五十幾了耶。」老人家那種心境，老朋友走了就經常想著自己是不是也大限將近？人說：「人生七十古來稀！」就知道以前人活到七十歲是一件很不容易的事，算是高齡了。

不過，時代在變，生活不再像以前那麼困苦，以前一個月吃一顆蛋還要幾個人分著吃，過年才有雞鴨魚肉，而現在小學生卻都在擔心營養過剩。此外，醫療技術越來越發達，疾病的及時治療讓很多人多活了十幾年。根據內政部統計：國民的平均壽命女生活到七十八歲，男生則是七十三歲，這當中包含早夭、意外和生病的，如果把這些意外因素剔除，以一個健康的人來講，應該可以活大約八十歲以上。我的上一代，包括我爸爸現在七十七，三伯父七十九，二伯父八十二，而大伯父則享年八十八歲。

上一代都能活到七、八十歲，那我們這一代呢？也許能多活十年，九十歲，既然多活了十年，以前的退休金需要五百萬，現在呢？未來呢？我的看法是至少需要三千萬以上吧！要知道人越老可是病痛越多，有時還要請人幫忙把屎把尿。若只靠政府的老人津貼更難生存，錢不夠用就算了，光是老師等領退休金排隊的就多達一萬多人，錢都發不出來。所以，**真的要靠自己計畫未來，靠別人都是不安穩的！**

退休金至少三千萬，但是無論如何要存更多，特別是醫療費用不斷地增加，保險費又不斷地調漲，加上你無法預估經濟的變化和未來的趨勢，不多存點怎麼行呢？

三千萬來養老

投資最大的錯誤，就是從不開始，因而也永遠不得退休。投資的越早，複利的魔力便越大。

到底多少才夠養老？我問過很多人的意見和想法，最低的說五百萬，有的人講一千萬，但大部分人是講兩千萬和三千萬。有位投信公司的女性總經理說要八千萬，另一位創投總經理說他要一億五，差別很大，每個人的看法都不同。

還有一個人比較特殊，說他只需要一百萬就夠了，我聽了哈哈笑，問他：「怎麼這麼少呢？」他竟然說他要去宜蘭，在山上買一塊地，過過陶淵明世外桃源般的悠哉生活，並吟詩作對：「採菊東籬下，悠然見南山。」他認為可以自給自足，養雞、養牛、種菜，蓋個小房子來住。我又問他：「那要是老了不能動了，怎麼辦？」他說：「沒關係，我還可以多存五百萬。五百萬我認為是綽綽有餘了。」當然，要遠離塵囂，逃離繁華都市，回到大自然過原野生活我是舉雙手贊成，但是天下間有幾個人能辦得到？更何況人類是群居的動物啊！

這裡還是以大多數人的想法為準吧！一般人認為差不多需要兩、三千萬來養老，但我認為在未來的社會是不多的。

那麼多少錢才夠用呢？**我的想法是三千萬以上，然後再用這個老本的投資利得，特別是遵照我前面提的複利公式來投資存錢，去過退休生活**。

這樣算算，本金加上繼續投資，生活可以住好的、吃好的、穿好的、用好的，過得自在寫意，一年基本開銷估算為兩百萬，再加上保險費用都夠了，根本不用擔心老年的時候病痛一大堆，所需要的醫療費用很貴，甚至每年還可以出國玩個幾次都不是問題。

有一位投信總經理，女性，每次演講時都對外宣稱退休金兩千萬就夠了，我就調侃她：「你是說真的還假的啊？兩千萬夠妳花嗎？」我看準了她懂得投資理財，又過慣了好生活，心裡覺得很不以為然，一個專家怎麼把退休金估得這麼少？而她的回答是：「我自己是覺得不夠啦，但對外講就講兩千萬嘛，因為我怕傷了投資人的心，還有我怕人家以為我很有錢把我給綁了。」

還有另一位創投總經理，說要一億五千萬來養老，這對他而言是很容易達成的，因為他本來就懂投資理財，加上住洋房、開好車、坐頭等艙，吃最好的料理，過慣好生活，一億五千萬對他而言，可能剛剛好。

每個人的想法不同，「錢」有的人需要少，有的人需要的多，端看你想要過什麼樣的生

活。比如說追女友好了，有的女生和男生談起戀愛來根本不需要什麼燭光晚餐，到夜市隨便吃吃就覺得幸福美滿。而企業家的第二代總是出手大方，買個禮物送女友不是賓士車、高級洋房或百萬鑽石，不然就是一千朵玫瑰等這樣的「堆錢」方式來追女友，而且有時一次還要追好幾個。

像我，當兵的時候，很窮，口袋空空，沒半毛錢，只有一台中古的偉士牌機車，我記得我和太太兩個人騎車到淡水的海邊散步，我體貼地告訴我太太：「中餐，我已經準備好了，兩個饅頭。」當時我的太太也很滿足地陪我吃起饅頭，我那麼窮又怎麼追到我太太的呢？因為我在當兵時，寫情書給太太被連長抓到而去「關警閉」，我把這件事情告訴她，她就很感動，從此擄獲美人歸。

所以，退休金的規劃還要看你將來想過什麼樣的生活？有的人真想回鄉種田，仿效陶淵明也不一定。**金錢不能代表一切，用心和價值反而比較重要**。

三千萬以上是用一般人的生活水平來衡量的，一千萬以下就要過得很吃緊。我建議：還是多存點吧！

不退休，也無妨

別迷信年輕退休又有錢的夢想，它會傾蝕你向上的活力，以及你在社會上的自我價值。

現在，社會上流行談「年輕退休又有錢」，為什麼？因為在台灣，工作很辛苦，很多人都渴望及早退休，可是年輕有錢就退休真的是好事情嗎？

仔細去觀察，大部分很早退休的人都活不了很久，由於腦筋沒有在動，生活沒有目標，生命失去價值，**人的一生，如果被別人需要，就會產生自我價值和成就感**。但是當你今天退休坐在家裡面，每天想著家裡有五千萬要怎麼花，然後跟太太每天的活動就是去哪裡吃館子、看電影、出國去玩等事。一直重複同樣的事情，就會悶死了。

四、五十幾歲其實還很年輕呢，至少還可以在多奮鬥個二十年。年輕想退休的想法，那是怕挑戰和喜歡安逸的人性作祟，可是太過安逸會帶來危機，如果你接受挑戰，繼續打拚事業，生活才可以過得非常充實有意義。

台塑集團董事長王永慶，八十八歲，才開始排接班人選，如果王永慶五十歲就談退休，那他可能不會還這麼精力充沛，工作、做決策，然後賺錢，讓員工有飯吃，對社會造成影響力，受到眾人的尊敬，是王永慶生命力的來源。

再談談中國時報創辦人余紀忠，九十三歲時他還在開會做決策，我在跑新聞時，他差不多八十多歲，還每天看他精神奕奕地在二樓踢正步，照樣上班，而那時他的記性很好。台積電董事長張忠謀七十幾歲，鴻海董事長郭台銘六十幾歲，都還在拚事業，拚經濟，他們的生命都還在發光燃燒。而有些有錢人，提早退休，每天花天酒地，玩車玩女人過得很快樂，但是仔細觀察，這些人都是很早就掛了，不然就是健康和事業每況愈下。

退休，最重要是生活的重心。當志工也可以，有被人需要的感覺，那就有意義。很多人以前工作很辛苦，心裡總想著：我應該要放下一切俗事，過自由自在的悠閒生活！於是早上開始不想早起，睡到中午才醒，每天找朋友聊天打牌，但是如果朋友都還在打拚，就不曉得該做什麼，百無聊賴，腦子停止運轉，健康就開始走下坡。

繼續工作，腦子會活，身體會動，反倒是精神百倍，活力十足。如果把自己一個人關在家裡或山上，有牛奶、麵包、電視、報紙，活得下來嗎？很難也很孤獨，不但和社會脫節，朋友全斷了聯絡，生活又沒有重心，逐漸地就失去了自我價值。很多人失業之後開始慌亂、不安，就是感覺不被社會重視，久而久之是會失去衝勁的。

很多國家都有老人政治，該退休卻不想放掉權力的老人，因為握有權力的感覺是他們一輩子活力的來源，享受著人們畢恭畢敬的態度，和簇擁在他們旁邊的人，這是他們活下去的基礎，即便是有錢到早就可以去過多快活的退休生活，但這些人知道，失去了權力，也就失去了生命力。另外，像冰島、瑞士，人口少，可是自殺率是全世界最高的，他們國民所得很高，差不多美金三、四萬多元（折合台幣一百多萬元），但是因為生活太閒沒什麼事情做，懶散的日子過久了，就失去繼續活下去的欲望。

「有錢，年輕退休」是一個美麗的口號，人的一輩子應該是要不斷地做有意義的事。當然，可以去做年輕時一直想要實現的理想，不要只想著過悠哉生活，因此，想早退休的人要有生活重心，沒有退休也沒關係，繼續燃燒，發光發熱，這顆蠟燭才會點到最後。

什麼時候開始買保險?

要考慮到未來不可預知的狀況，保留緊急時所需要的預備金。

保險適度就好，「天有不測風雲，人有旦夕禍福」，保險是一個社會風險共同承擔的制度，給社會無法預知的危險一個金錢上的保障。關於保險，當然是**年紀越輕，保費越便宜**，所以早一點買保險是比較划算的，但是不需要花太多錢在保險上，一般而言，意外險、醫療險、癌險是基本保障，要注意以下幾點：

第一，意外險和醫療險特別要注意住院和門診給付費用是否完整。

	意外險	醫療險
住院費用	◎	◎
門診費用	◎	◎

第二，意外險有等級之分，有的人從事較危險的工作，等級就比較高，保費也比較高。

第三，醫療險是否包含國際規定的重大疾病，而這些疾病是否會定期更新而不額外收取費用。基本上，醫療險就包含了意外事故的住院費用，所以保意外險時要特別注意費用是否有重疊。

第四，癌險可以加保，是以單位計算，醫療險雖然有包含癌症補助，但是由於癌症屬於現代人難以治癒的疾病，保個癌險是必要的。癌險越年輕保，費率是越低的。

此外，現在保險公司的利率都差不多，因此選擇保險公司不太需要考慮利率高低的問題，一家公司的信譽和服務，特別是保險公司一定不能倒，倒了，保戶就沒有保障，不要以為保險公司就不會倒，近幾年，日本就倒了好幾家保險公司，這是很重要的。

近年來所盛行的儲蓄型或投資型保險就視個人情況而定，因為每個月要繳的費用很高，而且投資型保單有一定的保險存款準備，只有一小部分能使用於投資，獲利空間並不是很大。還有一點，保險若以避稅為前提，是在資金很大的前提下，一般人只要有適度保障即可。

理財，因人而異

不同資金的人理財方式不同，要從控制風險開始，去規劃適合自己的方式。

錢只是一個數字，重要的還是人的觀念。有的人天生含著金湯匙出生，有萬貫家財；有的人靠白手起家創業，賺進幾億元；有的人靠其聰明才智和頂級的高薪或配股，年薪千萬；有的人靠一輩子打拚，存了幾百萬元；社會新鮮人剛進工作職場，可以存個十幾萬。還沒有存款的人要做什麼事呢？就是要先投資自己，讓自己有很紮實的實力和社會競爭。

賺進幾億的人其實都不只是運氣，除了聰明才智之外，還有經商頭腦，藉著投資和做生意來賺進鈔票，他們的理財方式大部分是「分散風險」，投資上會步步為營，更趨保守，因為太有錢，所以他們只要「守財」，靠些固定的收益，就不愁下半輩子了。有些財務管理銀行，承接的客人都是億萬富翁，專業理財顧問會先把幾億分成幾千萬，作分散投資，有的買債券、擺存款、有的買政府公債、股票型基金、美金等，一年的報酬率約五%，一小筆三千萬的資金，一年五%就有一百五十萬，其實很夠用了，此外，再加上一點房地產投資，靠這些固定收益，就花用不完。

假使有了幾億之後，反而沒有風險觀念，一心只想著要賺更多的錢，是很危險的，千萬不要去嘗試一個自己都不確定的未來，抱持著反正我現在有幾億，花大筆金錢投資開店，以借更多錢賺更多錢的觀念去擴張信用，那麼就要小心吃不完兜著走。有些人想得很天真，以為有幾億就能到上市公司當董事，誰知道剛好成了人家倒貨的對象，公司被掏空，不賺錢就算了還得賠更多錢，**因此擁有億萬的人在投資上就是要分散風險，小心謹慎**。

香港影星鍾鎮濤阿B是最典型的例子，他的財產原本有三、四億台幣，退休原本已經綽綽有餘，但他拿去買房地產，買了十億，不夠的部分，就向銀行抵押借款，結果想不到房地產大跌，阿B也不紅了，影視事業走下坡，付不起利息，還兵敗如山倒，終至宣告破產。所以投資賺錢要行有餘力，特別要把握零負債的原則。

擁有幾千萬的人也是一樣，其實退休是綽綽有餘，如果還嫌不夠，是可以適度地去冒風險，如果有五千萬，拿一千萬出來投資也無妨，全部賠光光至少還留有四千萬，一年報酬率五%，等於一年有二百萬可以花，算算一個月有十七萬，一天六、七千元的基本生活費，還可以過得很輕鬆。

只有幾百萬的人，是一定要冒險的。許多人害怕風險，不敢走出固有的生活模式，也就不會有收穫。就像我說的，靠薪水是很難致富的，現在，雙薪家庭估計月收入十萬元，這些錢要買房子付貸款、準備教育基金，還要支付生活的費用，光支付一個小孩的教育和養育費用，據估計，就要花一千萬了。因此，一般人要存錢真是難上加難，樂觀一點來算，雙薪家庭一年省吃儉用存二十四萬，存十五年只能存三百六十萬，複利計算，也只有七、八百萬，加上退休金一人三百萬的話，夫妻兩人要靠一千萬來退休，其實很累很辛苦。

做好家庭整體的財務規劃是很重要的，最好是將你的收入先分配出來，下圖做為參考：

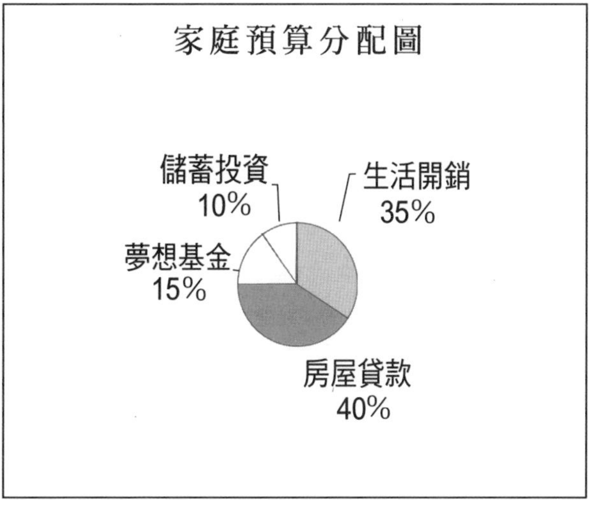

關鍵法則

每個家庭可以依照自己的經濟狀況去分配錢的用途

1生活開銷：就是一般水電費、伙食費、交通費、日常用品等支出費用。

2儲蓄投資：致富的第一步，就是立即開始行動，至少留十%的錢作為投資和儲蓄之用。

3夢想基金：退休金或子女教育基金的準備，每個月都要依照一定比例存一些。

4房屋貸款：即使買了房子也沒有關係，只要有規劃，就可以創造未來。

再搭配億萬富翁公式，運用投資工具，每年保持在二十%的投資報酬率，雖然這個公式看起來很冒險，但是**只要你在可控制因素的情況下，冒險便會水到渠成**。

現在失業率很高，特別是中年轉業的人很多，怕自己沒錢養老，怕自己被社會淘汰，其實，年齡不是問題，即使你已經四、五十歲了，也不要因為年紀大而急，重點是你準備好了沒？同樣的道理，有幾億、幾百萬的人都一樣，重點在於你準備好了沒？機會永遠給準備好的人，不是給剛好遇到的人，**何謂運氣？就是當機會來了你能把它接住**，台灣有句話說：「沒那個屁股，別拉那個屎。」很多人在公司耍手段搶總經理的位置，到最後還是被打下來，原因就在於還沒有準備好，根本不是總經理的料，準備好了，你就有機會。

有實力的話，時間就能證明一切，籃球比賽就是如此，贏了一場比賽不算什麼，打了一百場還是冠軍，那個實力就看得出來了。所以，要投資未來，就要有長遠的規劃，在所有的投資工具中，「股票」是一個很好的投資機會。我會在「如何投資股票獲利」上，給予投資人我多年來的心得結晶。

關鍵法則

1根據你的經濟狀況，制定一份適合自己的理財計畫。
2建立一個「家庭預算分配計畫」，安排家庭收支計畫。
3買房子要考量價錢問題，首先，估算出一個月有負擔多少房貸的能力。
4沒有理財觀念，過度消費與過度儲蓄一樣等於無。

投資賺錢，買股票是最好機會

一般人買股票都是短線的投機客，而缺乏戰略。

現在大多數的人對股票的觀念幾乎都是錯誤的，每次我上節目都要先吹頭髮，有個年輕人是個美髮師，就告訴我說：「我好不容易存了十三萬，跑去買股票，賠了不少錢！」他怎麼玩股票的呢？這位年輕人的操作方式是殺進殺出，有賺錢隔天就落跑，賣了以後，股票繼續漲停，還想追卻追不到，後來看到相關類股都漲停，就又跑去追一支沒有漲的，結果賺的錢又被ㄍㄚ回去。這就證明了他根本不懂股票，沒有知識或常識就亂投資，一個只有十三萬財產的年輕人，一天工作十幾個小時，月薪兩萬五，他往後的日子很讓人擔心。

買股票是一個投資賺錢的好機會。事實上，不同的人有不同的理財方式，對於一般薪水族而言，**買股票是一個每年可以達到二十％報酬率的投資工具，不過，這要在你擁有足夠的股票知識和觀念的前提之下才成立**。

有些人喜歡在台灣投資房地產，其實風險是很大的，不要說我們沒辦法估計房地產什麼時候會增值貶值，就連財團也沒有辦法估計經濟景氣的循環。

日本的保險公司就倒了四家，這些集團內有很多聰明絕頂的精算師，能算出人的壽命和利息走向的關係，以此來設計保單，但是再怎麼精打細算都沒有辦法預料現在的利率幾乎是零，從前賣出去的保單，利息高達十五％，但是現在收進來的利率卻只有〇・五％，這些保險公司入不敷出，所以就倒了，當然，這也是很多台灣保險公司所遇到的問題。

連財團裡養著學歷顯赫、經驗豐富的分析師都沒料到的事情，我們怎能料到房地產何時會漲呢？所以在台灣，我並不主張以房地產作為投資工具，在美國買房地產，報酬率是十％以上，但是在台灣只有五％到六％，光利息就要一・五％的成本，只剩下約四％的報酬率，加上房子的馬桶壞了、牆壁剝落都要負責維修，收房租賺錢還不一定會遇到好房客，運氣不好時還得打官司，租金收入還要計稅，都不是很划算。雖然房地產是在谷底區，但在台灣的環境下，要狂飆大漲其實不容易，因為供應量實在太大。但是，現在買**房地產自住是很好的時機，但是如果要投資的話，就很容易變成死錢，壓在那裡有很多問題又很難變現**。

那麼，投資房地產風險太大，有些人認為投資風險小的外匯或債券，就再安全不過了，話雖如此，但這是一般人的投資觀念，而真正的投資，考量的問題並不是這麼簡單。

先談談外匯投資。在台灣，外匯可操作的空間很小，沒有什麼利潤可言，台灣政府對外匯的政策，是一個用穩定外匯，讓商人能夠避險的工具，中央銀行不希望外商銀行賺取外匯波動的錢，原因在於台灣是進出口貿易導向型的國家，一年的進出口額大概五千億美金，如果外匯波動太大，就會讓這些人無所適從，經濟很難穩定。

這點在台幣兌美元總是維持在三四・五上下就能反映出來，除非人民幣、韓元、日幣、美元等和我們有密切貿易往來或競爭的國家幣值有大幅度的變動，台幣才會跟進。假使韓元大幅貶值，物價跟著貶，原本一元台幣換到價值三十七元韓幣的東西，變成一元台幣可換到一百元的東西，如此一來，世界上的訂單都會去買韓國貨，這時候台灣就必須調整匯率跟進，才能適應國際市場上的變化。因此，**外匯對於像台灣以貿易為導向的國家而言，是不容易有利潤的**。

除非是外商銀行，擁有像金山一樣龐大的資金，換言之，資金的規模要很大，才有辦法賺到利潤。如果匯率是三四・六五兌一美元，外匯投資是看到小數點以下好幾位的，比如三四・六五〇〇到三四・六三四〇，相差〇・〇一六〇，這已經被稱為波動很大，對外匯交易員而言，叫做一六〇個基本點，是有利可圖的，可見，在外匯市場要賺取價差，所需的資金很可觀，操作外匯的人更要專業，因為中央銀行外匯局常和外匯銀行的外匯交易員激烈過招和交手。

債券也是同樣的道理，雖然風險很小，有穩定的獲利空間，但是報酬率很低，通常在二到五%左右，在不景氣時，隨著中央銀行利率調降了十七次，市場利率幾乎要降到零，這表示買債券是賺錢的。但是當景氣反轉時，投資債券市場就會變成無利可圖，一旦資金往股票市場流動，投資債券反而會失去賺錢的機會。

所以，投資房地產成本太高，風險太大，利潤又很少，但是投資外匯、債券等一些風險很小的標的，又很容易落得無利可圖。

所以我認為，股票是一項很好的投資工具，有三點原因：

第一，只要你肯下功夫，認真研究股票市場，就能一輩子受用無窮。

股票市場是有規律性的，可以客觀分析。基本面的資訊要瞭解，技術分析要懂，財務報表能有基本的判斷，再加上人脈，打個電話問看看這家公司的營收和盈餘，老闆有沒有認真在打拚事業等，花一、兩年時間去學習，絕對能有所成。猶如法律只保障懂法律的人，錢只給那些懂錢的遊戲規則的人一樣。知道的越多，過濾風險就會越多，當然，錢進口袋的機會就越大。

第二，股票市場是有利可圖的，當風險可以控制，投資股票的報酬率少則二十%，多則高達一倍。任何時間點都可以投資，股票市場有漲跌循環，在高點你可以放空，低點你可以買進，只要你會判斷，懂得控制風險。

第三，股票市場是開放的，人人都可以投資。年滿二十歲，不分階級，不分男女，去銀行開個戶頭，不論你有幾千元、幾十萬元、幾百萬元到幾億元，都可以投入股票市場。換言之，人人都有機會在股票市場致富。

既然股票市場是一個投資賺錢的好機會，接下來，我們就來談談「股票市場」的遊戲規則，幫助你建立正確的股票投資觀念，告訴你如何真正獲利「賺大錢」！

關鍵法則：

投資未來五部曲

1想想你的退休金要多少錢？退休生活要怎麼過？

2運用億萬富翁的複利公式，每年從收入存下一筆錢。

3根據你的需求與想法，做不同的理財規劃。

4提早為自己買張保單，做為預防不測事件發生的急救準備金。

5靠薪水不易致富，保持在每年投資報酬率二十%的方法，投資股票是最好機會。

第二部

如何投資賺錢：鄭弘儀致富秘訣

低點買，買好股票，波段操作是股市獲利三大原則。

第二部 如何投資賺錢

- 法人龐大的資源，是戰勝股票市場的基礎。
- 每一筆投資要謹慎小心，跟著投顧老師操作是很危險的。
- 股市新聞，必須作理性的判斷才知真假。
- 百分之九十的股票投資人都是沒有理論，是情緒衝動的投機客。
- 一支股票的投資價值，完全取決於評估的時間點。
- 買好股票要修三門功課，看準有獲利空間和有成長性的公司，以及做基本面的健康檢查。
- 股票健康檢查要從基本面、財務報表和董監事持股狀況來分析。
- 「隨便買、隨時買、不要賣」是投資股票的錯誤觀念之一，一定要改正。
- 買基金基本上也要遵循股市操作原則，才不至於被不合理的限制給剝削。
- 股票操作有內幕，基金經理人也有A錢的內幕。

1 股票市場不利於散戶

在股市群眾裡，人們的智慧不會增加，反而是愚笨程度會越積越高，而且群眾的理性程度等同於八、九歲的孩童。

群眾心理學祖師　勒朋

股票真是不好賺？

股市制度不利於散戶，這是當我們將錢投放在股市時，要清醒認識的結構。

台灣股市上萬點時，股票總市值約二十兆，而當股市狂跌至剩下三、四千點時，總市值只有八兆，可見財富萎縮了，大部分的人都是賠錢「大失血」，關鍵在於台灣股市的制度設計本來就不利於散戶。

多年跑財經新聞的我，從中時晚報的財經組組長，到非凡商業電視台，而後進入年代產經台，一路走來，有不少在「號子」玩股票的散戶們，總是向我抱怨：「買股票賠了一屁股債！」希望我給他們一些建議。

因此，當我主持TVBS的《理財早報》時，我特別設了一個傳真號碼，讓所有人能透過傳真，詢問有關投資股票的問題，本來一天只打算回覆五份，沒想到最多竟然傳來了五百多份，節目收視率一躍變成財經節目的第一名，好得不得了，但大部分的「號子族」（編按：「號子」是指交易股票的證券公司，「號子族」意味經常進出股市或證券公司的投資人）傳真進來可都不是什麼好消息，不是賠上好幾棟房子，就是敗光了家產，幾乎沒有一個在股市中賺錢。

其中有一些極端的例子，有一位婦人傳真進來竟然說想要跳樓自殺，我心想：天啊，人命關天，還是趕緊回覆她吧！事情是這樣的：她老公兩年前過世，留下了四百多萬存款和四棟房子，老公死前再三叮嚀和囑咐她說：「這些錢夠你做生意和過下半輩子了，你要好好照顧我們兩個小孩啊！」

以前她沒碰過股票，後來聽人說股票很好賺，才開始下海。每天早上都在號子中進出股票，甚至用「融資買進」，即向復華證金借錢來玩，沒有多久，留下的四棟房子一一變賣，剩下的股票算一算，四百多萬的現金也輸得只剩下一百四十萬。她難過極了，覺得有愧於死去的丈夫，實在不想再活下去，但又放不下兩個還在讀小學的孩子，於是只好傳真進來求我幫忙。

我見情況緊急，馬上打了個電話和她說：「我請一位股市『高手』幫妳操作股票，用剩下的一百四十萬，讓輸掉的錢多少回來一點，然後妳再用這些錢當本，回去好好做妳的小生意吧！從此不要再碰股票了。」我苦口婆心的勸，她聽了慢慢開始接受現實，而且很感激地連忙說謝謝，並且答應我如果把錢賺回來以後，不會再玩股票，腳踏實地回去工作。

沒多久，我那朋友——「股市高手」的確幫她達成了目標，而她也真的如她所承諾：不再碰股票。這件事過了半年，有一天她突然打電話給我，說她的美容業現在生意很好，而且她又要結婚了，聽她宛如新生的愉悅之聲，我心裡也非常高興，不過心裡也有一些感慨：不懂股票市場的人「玩」股票，能毀了一個人或一個家庭，但是懂得「操作」股票的高手卻能幫人重新找到一條生路。這說明了**股票市場是個機會，也是個陷阱**。

關鍵法則

1股票市場有其遊戲規則，不懂的人千萬不要隨便買賣，否則後果不堪設想。

2懂得股票市場的規律，賺錢的機會自然會來。

這些例子不勝枚舉，在新竹，也有類似的例子，這位太太的老公是位警官，先生已經是五十幾歲即將退休的年紀，在不分晝夜、安分守己當警察的日子裡，他老公存了五百多萬的錢準備養老，但是這位太太在股市中欲罷不能，把私房錢全部賠進股市，還把老公的錢拿去玩股票，最後辛辛苦苦存下五百萬的養老金，賠到只剩下兩百萬。

她說她實在沒臉見老公了，丈夫這麼多年辛苦的積蓄竟然被她在短短不到一年的時間就敗光，因此很想自殺，當時的我對於這種「急救生命線」的傳真常常覺得於心不忍，便打電話和這位太太說：「沒關係啊，妳就和老公說實話，妳老公總要原諒妳吧！」沒想到她用更加不安難過的語氣告訴我：「不行啊，我老公可是有心臟病，如果我和他說，他肯定是受不了的，到時該怎麼辦？」

於是我又找那位「股市高手」幫她操作，並且告訴她說：「如果兩百多萬的錢讓它變成三、四百萬，妳從此以後就不要再碰股票了，然後再和老公說實話吧！」就這樣，我的「理財早報」反而像是「鄭老師急救熱線」，我用同樣的方法，處理了不少這樣「人命關天」的事情。

還有一次我錄完節目坐計程車，一個老先生快六十歲了還在開計程車討生活，他知道我在主持理財節目，所以看到我就好像看到救星，一股腦地和我說：「我一輩子辛苦工作的存款和退休金總共有兩千多萬，因為玩股票玩到一毛錢都不剩，現在才必須用老命開計程車。」我不由得感慨，活到這把年紀還得辛苦工作，這樣的老先生在股市中毀了下半輩子的人很多，有到大樓去當管理員的老先生，有到公司行號去幫人打掃清潔的老先生，也有下一口飯都不知在哪裡的老先生。

股票錢真是不好賺，我多年演講的經驗，不管是醫生、律師、會計師、建築師、老師都有，這些人在社會上都有一定的地位，每當我問到這些極欲靠股票賺錢的投資人：「股票錢好賺嗎？認為股票錢好賺的人請舉手。」舉手的人不到百分之五，大概百分之九十五的人都舉手說：「真難賺！」，顯然在台灣操作股票並不好賺，賠錢的人要不就輸光存款，要不就賠得一屁股債，為什麼一般投資人總是賠得那麼兇呢？

在讀政大ＥＭＢＡ的時候，我便開始深思這樣的問題：為什麼散戶總是賠錢？我認真與教授、同學們交換意見，並且上圖書館找尋資料，加上我多年跑新聞的經驗，我得出了一個結論：**就是散戶根本就是站在最不利的條件上與這些大戶、主力「拚殺」股票的**。這就好像散戶是拿著掃把，背著石頭，戴著草帽，穿著破鞋上戰場打戰的第一線士兵一樣，面臨的敵人（主力、大戶）是拿著衝鋒槍，背著手榴彈，頂著鋼盔，穿著釘鞋，還領著戰車和大砲，散戶處於穩死的，就算不死也只剩半條命的狀況。

於是，我得出了一些結論，即使股市是一個賺錢的機會，在投資之前，也要先搞清楚狀況，包括股市制度的設計，公司派和法人的運作，一些胡搞瞎搞的內幕，其次，「低點買，買好股票，波段操作」，是我多年來的心得以及在股票市場上投資獲利的不二法門。

關鍵法則

1要從股票市場獲利，首先，要瞭解股市的制度與運作。

2依照「低點買，買好股票，波段操作」的操作股票準則，每年二十%報酬率是可以達成的。

金山理論

金山理論論述在股市中穩賺的是政府、證券商和以報導財經為議題的媒體。

金山理論是我自創的理論。金山指的是以前的舊金山，從前，舊金山是一個著名的金礦區，在當時造就了不少富翁，許多想要發財的淘金者，紛紛不遠千里而來趕這場盛會。十萬多個身強力壯的男人，到了舊金山，卻發現只有礦主和不到百分之十的淘金者才真正靠淘金成為富翁，意思就是說千里迢迢去到那裡的九萬個男人都淘不到金子。

不過卻有一批人因此發了大財，賺了大錢，這些人是誰呢？答案很簡單，這場盛會給舊金山帶來不少的商機，洞燭先機的人開餐廳、酒吧、旅館、洗衣店、五金雜貨行等，目的就是為了這十萬個淘金男人的生活消費，這些周邊的業者，反而藉機大撈一筆，賺得一點也不會比那些「金礦主」來得少。

這當中說明了什麼呢？

股票市場也是同樣的道理，真正賺錢的永遠不是那想要賺錢的散戶們，而是開辦股票市場的「莊家」和靠股票市場吃飯的周邊產業。

據統計，在台灣，大概五百多萬人開戶，排除重複開戶的人，真正在玩股票的人大概兩至三百萬，哇，這可不是小數目，台灣不過兩千多萬人口，就有超過十分之一的人在「玩」

股票，這當中最賺的是誰呢？當然不是散戶啊。

怎麼說呢？最賺錢的是國庫，也就是當「莊家」的政府，每買賣一筆股票就要課徵千分之三的證交稅，它可是穩賺不賠的；而負責股票交易的證券公司也是賺錢的，同樣的，每次買賣一筆收千分之二・八五的手續費，買一筆扣千分之一・四二五，賣一筆也扣千分之一・四二五。

還有誰賺到錢呢？以報導財經議題的媒體，如專門報導股票資訊的報章雜誌、股市解盤節目和財經電視台，和各種電子股票機如傳訊王、保財通、神乎奇機等。

舉個例子來說，我在某財經電視台當新聞部經理時，這個台可是賺翻了，只是「暗暗啊賺沒ㄏㄡˋ人知影」而已，看起來平凡的電視台，收入非凡，賣時段給「口才一流」的股市老師，半小時算一個時段，以一個月或一季這樣賣，如果是冷時段，一個月起碼一百萬，好時段一個月要雙倍，加上這些股市老師根本不用什麼現場布景，燈光不用美，氣氛不用佳，人更不用帥，成本實在滿低的，只要打個還可以看的燈光，就可以登場。

這買時段的老師也不需要化妝師，進攝影棚前外面的櫃臺上自有一個籃子，裡面裝有髮膠和梳子，股票老師只要自己整理一下儀容就可以了。掐指算算，平均一個時段假使一個月一百五十萬，一個電視台賣二十幾個時段再乘上十二個月，OH！你想想會有多少非凡的進帳。

曾有一位股市老師就向我抱怨，他光是被這個電視台拿走的時段費就超過五千萬，真是

金山理論

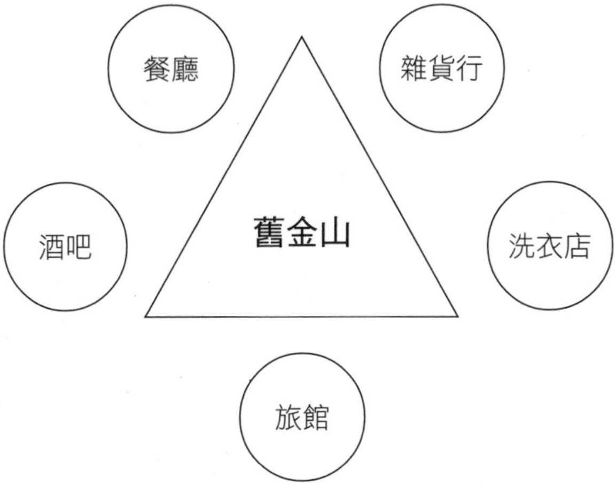

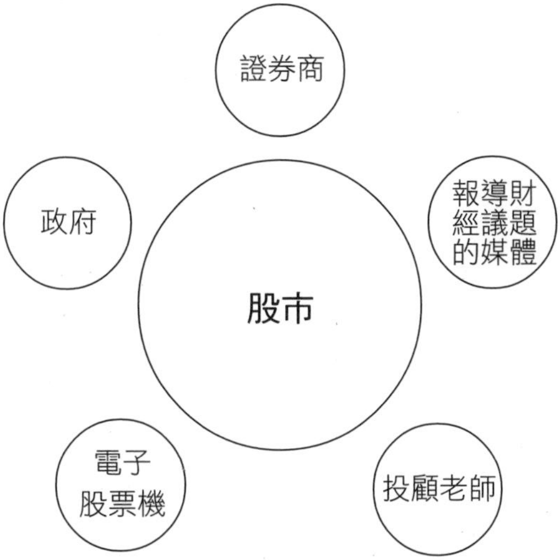

嚇人。

所以股票的周邊產業、政府和證券商賺到錢，許多類似的股市媒體賺到錢，當然，每天叫進叫出的投顧老師也能分一杯羹，這就是金山理論。

關鍵法則

1金山理論應用於股票市場，就是真正的淘金客（投資人）沒賺到錢，而是當莊家的政府、周邊產業如證券商、以報導財經議題的媒體、投顧老師等先賺走了。

2每買賣一筆股票，政府和證券商加起來約抽取六%的證交稅和手續費，累積起來是一筆不小的數目，避免被抽取高額的證交稅和手續費，就不能進出頻繁。

證交稅收千分之三，證券商手續費收千分之一・八五，換言之，每買賣一筆股票，大約千分之六就沒了，如果一個「股票族」一個月買賣兩筆，一年約買賣近二十五次，千分之六乘以二十五等於十五%，那麼意味著每年要繳給政府和證券公司十五%的錢，這是超級貴的成本耶！

一家公司每年要賺十五%都很難了，何況是投資成本就佔了十五%，姑且不講賺和賠，

世界主要證券市場各項指數比較二〇〇〇年十二月

交易所	上市家數	2000. 12 指數	2000. 11 成交值(億美元)	2000. 11 周轉率	2000. 11 本益比
紐約	2472	10786	856.2	7.23	24.46
倫敦	2909	6222	344.7	5.68	23.13
東京	2028	13785	130.4	4.93	191.90
韓國	707	504	30.8	21.22(第一)	
香港	731	15095	22.9	5.25	12.02
新加坡	386	1926	9.2	4.88	
泰國	381	269	2.0	4.63	5.67
台灣	530	4739	56.5	20. 5(第二)	16.03

二〇〇〇年底，台灣周轉率為世界第二高，顯示台灣散戶太多都熱衷於短線進出，像美國或日本，周轉率只有四%到七%之間，而台灣高達二十・五%，如此一來，剛好肥了作莊的國庫——證交稅的徵收，券商——手續費的收取。
（資料來源：證券暨期貨管理基金會）

全國賦稅實徵淨額

年度(月)別	稅捐收入總計(千元)	證卷交易稅收入(千元)	證交稅所佔百分比(%)
81	967,623,881	42,316,258	4.4
82	1,045,496,186	27,926,655	2.7
83	1,127,481,060	39,422,440	3.5
84	1,232,263,996	49,223,391	4.0
85	1,197,796,543	33,920,306	2.8
86	1,271,452,683	79,118,234	6.2
87	1,397,052,497	119,683,379	8.6
88	1,355,061,942	84,677,346	6.3

從上表就可以看出，政府為什麼一直不想把證交稅改成證所稅，因為證所稅要有所得才能徵收，而證交稅每交易一次就徵收一次，顯然證交稅是挺好賺的錢。特別是當政府財政狀況不好時，這筆錢相形格外重要。
（資料來源：財政部。單位：新台幣千元）

如果拿一百萬投資股票，一年之間，每月買賣兩次，記住，才兩次而已，就無端端先被剝掉一層皮，即十五萬，一百萬就只剩下八十五萬，**我曾經算過，一百萬的資金，如果買賣一百六十次，資金就會被「剝」光光**。

很多散戶總是覺得莫名其妙，向我反應：「奇怪！我在股市都沒輸什麼錢啊，怎麼錢到最後都不見了？」因為交易成本實在太貴了嘛！

美國怎麼做呢？扣證券交易「所得」稅，就是證所稅，證交稅是不扣的。意思是有賺錢才繳稅，即使虧錢了還可以在繳稅時扣掉。所以美國政府算是有良心，很體貼、很公平，有所得才扣稅，那台灣政府呢？

也許你會說，大戶也扣證交稅和手續費啊，沒錯，可是大戶錢多，不會短進短出，而且因為量大，券商在手續費上會給他們折扣，金額越大，折扣越多。

關鍵法則

如果證交稅改徵證所稅，那台灣股民負擔就輕鬆多了。

這就是金山理論，政府收交易稅的政策，使我們這些散戶一開始就處於「不利」的位置。

稀釋股東權益的員工分紅

在買賣股票之前，要先看董監事酬勞分配比例是否過高，買到的股價是否合理。

去各地演講的時候，我告訴投資大眾：「投資股票的成本超級貴，每筆買賣要繳交千分之六的手續費和證交稅。」話還沒講完，就有很多人迫切的追問我：「啊，鄭先生，我沒有天天進出啊，我都是放長線來投資，配公司的股子股孫，可是還是賠錢！」我聽了，也只能苦笑，慢慢向大家解釋，因為這個大莊家——政府，除了拗投資人的證交稅之外，還有很多制度有待改善。

買股票，投資人最關心的是注意其年度盈餘有多少金額，再除以總股數，就得出每股淨利，算出本益比，可是這種算法並不精確，原因是上市公司的盈餘，會被董監事酬勞先分掉一層皮，董監事剝完皮之後，員工紅利會再剝一次，最後剩下的才是給股東的利潤，其實已經打了很大的折扣。

配股兒子，其實就是散戶買了股票以後，等著公司賺錢，公司一旦有利潤，就會配股和或配息給股東們，配股就是給股票，配息就是給現金，簡單一點來說，就是公司賺錢，就會給股東們分紅。舉個例子來說，假設台積電今年每股盈餘賺五元，本益比十五倍，股價七十五元，公司決定配股四元，配息一元，就是今年買一張台積電，會配四百股，加上一千元現金。

不過，上面所說的是合理的配股方式，公司賺多少盈餘，就公平地分給每位股東多少股票，但現在的制度卻不是這樣，因為員工和董監事的分紅，是列為「盈餘」費用要先扣掉的，換句話說，公司賺錢以後，盈餘要先分給公司的董監事們和員工，比如台積電每股盈餘賺五元，但是其中一元是要給董監事和員工的紅利，意味你買的是盈餘五元的股價，最後真正配到的股兒子只有四元，也因此買到的股票本益比不是十五倍，而是十九倍，股價貴多了。有些公司在除權時，照理說除權價是一四五元，出來卻是一四三元，這就是有兩元的紅利拿去給董監事和員工們分掉了。

隨著員工股票分紅意識的高漲，而人才也是一家企業的最大資產，這倒無可厚非，可是很多「高額」的分紅卻幾乎把盈餘分光光，盈餘分紅的比率過高，反而稀釋了股東應有的權益，美其名是分紅，實際上是董監事要先瓜分一番，也就是說投資人即使買到盈餘五元的股價，最後可能落得只配兩元的命運。

這對同樣有持股的股東們而言，是極度的不公平，特別是這種股票分紅列為盈餘的制度，**在美國，員工分紅是列為費用的，酬勞和分紅比率的多寡都有詳細的財務資料報告**。台灣政府為了怕對科技業衝擊太大，以及影響其企業競爭力，因此仍列為盈餘的一部分，即使股東們持有的股票賺錢，都要先分一部分給董監事和員工。

以下表為例，部分上市公司董監事酬勞高的嚇人：

民國八十七年度董監事酬勞分配情形

公司/項目	八十七年稅後損益（百萬元）	董監酬勞（百萬元）	董監席次	平均每人所領費用
仁寶	4871	97.41	13	749
英業達	3418	92.99	8	1152
台積電	15344	138.1	12	1150
中信銀	4150	135	9	1500
國壽	14998	290	18	1611

中信銀的董監事酬勞一年一位平均分了一千五百萬，總共就先分掉了十幾億，國壽更佔去了三十億，一般科技業如英業達、仁寶集團、台積電董監事酬勞，也都佔去了十億多。可見當董監事一年就賺那麼多，領那麼多，實在太好賺了。
（資料來源：證期會）

所以，投資人千萬要注意到這些細節，特別是要查明所投資的公司董監酬勞和員工分紅的比率是否過高，而影響了股東們配股的權益，同時，投資前要計算所能得到的股利，看看划不划算，再決定是否投資。

若只看公司的盈餘有多好就進場，而忽略了真正分到的股利並不多，很多公司保留盈餘是特別多，更是惡質，如此一來，當然股價不會漲，想要賺的錢也不見了。所以，若真的想要長期投資，每年穩定的配股賺取利潤，就要注意以下三點法則：

關鍵法則

1長線投資每年獲利穩定的公司，過去五到十年內固定配發的股利差距不會太大的。比方說投資人最愛的長線投資公司「中鋼」，每年配股都在兩元左右，而且除權息後會回到原來的合理價格。

2所投資的公司是否有揭露董監酬勞和員工分紅所佔的盈餘比率，若是分紅比率過高，就要計算所買的股價是否合理。

3大起大落的每股盈餘不適合長線投資，比方說今年每股盈餘說是賺五元，明年卻賠了三元，這時候，配了股票不但沒有填權，股價搞不好還會一路從一百元跌到只剩水餃股的價值，豈不是更慘？

年輪理論

年輪理論學理上指的是資訊的不對稱，亦即位於年輪內圍的人，消息越快越準確。

作為制度不合理剝削下的散戶，可憐的還不只這些，年輪理論，正式一點來說，是散戶與所謂大戶間「資訊的不對稱」，意即「好消息、壞消息，散戶永遠最後一個才知道」。

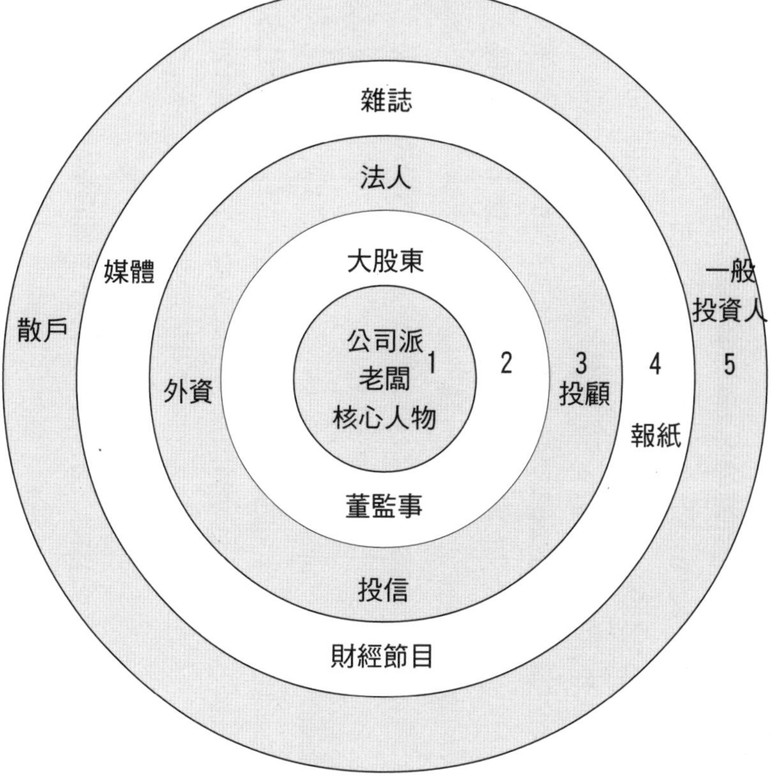

年輪理論以「獲取訊息」的準確度和速度為標準，越裡面的人知道訊息越快越正確，越外面的人則知道訊息越慢而且錯誤居多。換言之，越裡面的人「消息越靈通」。

上市公司之所以能輕易賺到錢，因為它掌握的是訊息，有最內線的消息，**最裡面的叫公司派，其消息最靈通也最準確**。在公司內部經營的核心人物，一定知道公司的營運狀況，什麼時候有訂單，公司派都瞭如指掌，財務狀況、賺不賺錢也知道，什麼時候要開始買自家公司的股票，什麼時候要賣都知道，就算是老闆跑

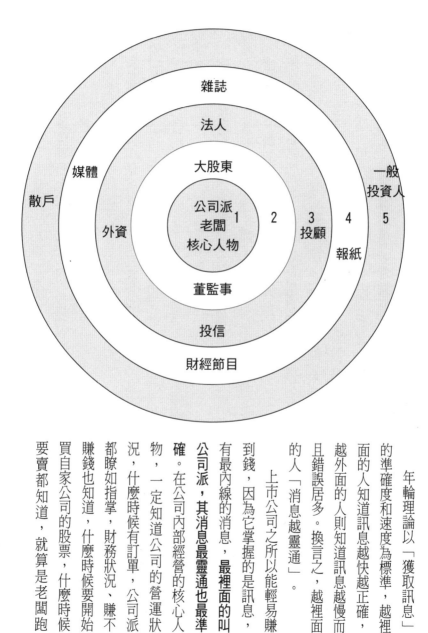

了、公司倒了，公司內部核心人物一定第一個知道。

接下來是董監事和大股東，即參與公司經營的人和投資這家公司的大股東，每個月要開董事會，一定都知道公司的營運狀況，不一定大股東就是董監事，但大股東持股比例高，基本上他就會瞭解公司的內部狀況到底好還是不好。

再來就是法人，法人就是包括外資、投信、自營商等靠投資股票賺錢的公司，他們養了經濟研究員到上市公司去瞭解其營運狀況，然後寫成報告供經理人參考，至於法人說明會的目的就是上市公司要向法人作季報告或年報告，比如最近是否有接訂單、每股盈餘多少和公司營運狀況等。

接著才是媒體，我們在媒體常會看到報導說：美林證券表示台股將會漲到×千點，某某股票是大力推薦的買進目標，而某張股票每股預估盈餘有多少等。

誰是最後一個知道消息的呢？就是散戶。所以如果從訊息的角度，散戶是很可憐的，每當遇到玩股票的散戶們，他們都會說：「鄭先生，啊你嘛幫阮報幾支仔明牌。」我聽了也只能苦笑回答說：「喔，好（ㄏㄜ）朋友，我報你八百支啦。」當然如果我這樣回答，這些散戶是一頭霧水。

雖是玩笑話，但自有我的含意，報八百支當然就不是明牌了，當外面有人向你「報明牌」時，通常是不準的，**股市聽明牌是最危險的事**。散戶一定要記得，任何旁門左道的「明牌」到了散戶手中就是「廢牌」，任何今天的「新聞」到了散戶耳朵裡就是「舊聞」，當主力、法人、公司派或媒體在放所謂「好消息」時，到了散戶手中就要有分辨真假的能力，好消息可能變成「壞消息」，每個投資股票的人都應該有過這樣的經驗，當市場一片「好消息」不斷時，當你買了滿檔的股票，樂觀地看好後市時，沒想到正是股票下跌的開始。這些消息能信嗎？早在好消息放出來之前，那些公司派、大股東和主力老早就賺飽飽的跑光光了，難道還等你來賺錢嗎？

年輪理論在學理上叫做資訊不對稱，白話一點地說就是散戶沒辦法獲得第一手資訊，所得到的消息都是放馬後砲，散戶站在年輪的最外端，什麼都看不見的。

散戶少有分析能力，我去演講的時候，很多醫生、律師、教授投資股票通常是輸錢的，哪家公司前景看好，哪家財務有問題，散戶都不太知道，當醫生、律師、教授的不是頭腦不好，而是股市所設計的制度不對。舉個例子來說，股市有個主力，因為信用好，實力強，所以上市公司的公司派會去找他一起炒作股票，談好共同鎖單，你鎖一萬張，我鎖一萬張，一萬張的金額如果是三億，主力可以獲得七％至十五％的退佣，亦即現賺兩千萬到四千萬，退佣的多寡端視公司的體質和財務而定，太爛的公司，主力是不鎖的。上述的鎖單約定，是我親眼目睹，絕非散戶能夠知道的內幕。**金山理論和年輪理論就證明了整個股市所設計的制度對散戶是不利的。**

關鍵法則

1避免成為年輪最外圍的「訊息」受害者，最好的策略就是不要聽信明牌。
2在股市中，要有自己的判斷，遵守操作法則，才有機會獲利。

再舉個例子，是公司派炒作股票的內幕，這是一家生產手機零件的公司，這家公司在多年前，曾經把其公司股價從十元以下炒到將近三百多元的天價，自此撈了一筆幾十億的財富到大陸去設廠投資，而事件背後的來龍去脈散戶卻一點也不知情。當時，這家公司在股票價值剩下大概十元左右時，便開始大量買進，十元一直買到二十元。這家公司發現：哇！全世界的訂單從四方湧來，簡直是大爆滿啊，於是所有公司內部的核心人物、大股東等，在股票開始起漲的兩個月前，就已經把股票買到滿檔。那時候我在跑新聞，就有人和我報明牌，「小鄭啊，這支股票可是會從股價六十元漲到一百二十元。」我本來不信，後來佩服得五體投地。

這個從散戶手中賺近萬貫家產的企業，公司全部的核心人物和家族、大股東們早在兩百元全部跑光光，因為他們認為已經賺夠了，說真的也不用再賺剩下的那些風險錢，他們這一撈幾十億，把資金帶到大陸去投資。所以，以年輪理論來講，散戶當然是輸定了，怎麼有辦法「拚」得過這些財團呢？這家公司因為知道內線消息，處於年輪核心位置，才整整賺了幾十億的暴利，誰給的？當然是散戶給的。

仔細看，許多公司是虧錢的，但老闆的車卻是BENZ，錶是勞力士，房子是別墅，還特別設有招待所，當然是從公司利益輸送到個人身上來的。

挖不到金山又處於年輪外圍，散戶的皮肯定是被剝光光了！這影響是很深遠的，到最後台灣貧富差距越拉越大，窮人想要在股市多賺一點錢的那個夢想，會不斷地輸送到有錢人身上去。

股市還有高點嗎？

股市要再創新高，很難。原因在於資金外移大陸以及上市公司籌碼太多。

民國六十年代，台灣經濟快速起飛，當時一堆人投資都賺了大錢，那時候我家種田，我爸爸把賣稻子、烤菸草、收柑桔的錢都拿去農會存，當時的存款年息高達十二%，台灣經濟蓬勃發展，連最基本的儲蓄「投資」都能有這麼好的報酬。此外，借錢的年息雖然很貴，放款利率約十七%，但是很多人都願意借，因為可以賺回更多倍的金錢，可見那時候是「錢滾錢」的時代，投資什麼就賺什麼，很多大集團、中小企業都是從那時候崛起，台灣錢淹腳目的奇蹟就是這樣創造出來的。

這樣的榮景一直持續到民國七十八、九年，當時除了創業，投資客最好的投資標的就是股票和房地產，上市公司才一百家，是股市超級狂飆期，現在所稱的傳統產業，水泥、紡織、營建、鋼鐵、電機、銀行股等，一股都狂漲到好幾百元的價值。股市每天就是「漲、漲、漲」

紅透半邊天，一路從一、兩千點飆到民國七十九年的最高點：一二六八二點。

不過，民國七十九年股市和房地產的泡沫化，使得股市狂瀉至二四八五點，當時許多人在股市賠得傾家蕩產，但是股市卻在此時，重新休息整理，邁入另一個十年的大多頭，由科技股領軍，股市一路漲到民國八十九年的一〇三九三點。隨即，由於全球經濟指標——美國那斯達克和道瓊的狂瀉，即新經濟的破滅，台灣股市又邁入了另一個空頭，從此進入了寒冷的冬天。

這當中台灣總體經濟起了什麼變化？首先，照理來講，科技股領軍的股市狂潮，全世界很多的國家的股市都創新高，包括香港、韓國、新加坡、美國的股市都創了歷年來的新高點，唯獨台灣，卻一直沒有挑戰民國七十九年高點：一二六八二點，十年來沒有刷新紀錄，經濟雖然成長，卻沒有合理的市場反應。

台灣股市為什麼創不了新高呢？所發生的經濟變化又是什麼？其中包括幾點原因：

第一，過去十年，台灣總共跑了七萬家廠商去大陸投資，帶走一千多億美金，折合台幣四兆，天啊，現在台灣股市總市值差不多十兆，跑了四兆剩六兆，**股市資金沒增加反而向外跑了，股市當然不容易漲起來**。

第二，股票籌碼大量增加，在民國七十九年以前，上市上櫃公司的家數才一百多家，那時的狀況是多數金錢追逐少數籌碼，股票就很容易上漲。但隨著企業到股票市場籌資的趨勢，現在的上市上櫃公司已經暴增到一千多家，證管會核准上市的條件越放越寬，使得投資標的太多，加上資金外移，錢少了，成交量也相對變小，使得**有限的金錢去追逐無限的籌碼，股市就很難動得起來**，如同新房子一直拚命蓋，可是很少人有錢買得起一樣，供給大於需求，房屋超過一百萬間，房地產也很難起死回生。

第三，民國七十九年以前，台灣是「錢滾錢」的時代，基礎的民生工業快速發展，人們不是創業，就是投資，當時有眼光的人都賺翻了，放款利率高達十七％，那可是很貴的成本，等於一百萬一年就要繳十七萬的利息，但還是很多人願意借錢。現在不同了，**全球一連串的不景氣，荷包是越看越緊**，存款利率可憐到只剩下一・五％，靠利息過活，別說吃飯了，搞不好連喝水錢都不夠，放款利率雖然是掉到四％左右，但也沒什麼人敢借錢隨便投資。股票跌跌不休，變成壁紙的公司不在少數，水餃股、雞蛋股、警察股（一線兩星的警察叫一毛二）一大堆，怕都怕死了，誰敢掏腰包去投資。

第四，**從貨幣供給額年增率可以看得出來「錢是越來越稀少」**，貨幣供給是指整個社會在某一時間所存在的貨幣數量，即錢的多寡；貨幣供給額的增減能夠反映經濟市場資金狀況的好或壞。大致來說，影響貨幣供給額的因素包括外貿順逆差、經濟成長率、貨幣流通的速度和物價水準等。當外貿呈現順差、經濟不斷成長、貨幣流通速度快及物價水準高，貨幣供給額就越大，反之則減少。

簡言之，就是可以看出國民的錢多不多？民國七十幾年時，貨幣供給額年增率每年都有兩位數成長，尤以七十五年年增率二十五％為最高的，貨幣供給額年增率百分之十幾、二十幾，意味一百元一年可生出十元、二十元，錢很多，流動快，表示當時台灣在創造金錢的能力很強，**但現在只有百分之五或六，一百元一年只能增加五元或六元，這證明了國民生錢的能力縮水，錢是越來越難賺。**

在台灣，常用的貨幣供給額計算有M1A，M2B及M2三種：

M1A＝通貨淨額（等同於流通在市面上的現鈔）＋支票存款＋活期存款：屬於流動性大，而且富有交易功能的貨幣。

M1B＝M1A＋活期儲蓄存款：其中活期儲蓄存款以短期儲存的功能較大，流動性稍降。

M2＝M1B＋定期存款＋定期儲蓄存款＋郵匯局轉存款等準貨幣：屬於長期的儲存功能，流動性更低的資產。

從上面可以發現，在流動速度及交易功能上，M1A＜M1B＜M2；亦即活用的資金動得越快，年增率越高。所以，M1A及M1B及M2常被用來衡量股市的好壞強弱，M1A與M1B越高，表示流動性資金越多，表示股市較熱。

從歷史資料來看，當股市不佳時，這三項貨幣供給額的指標也呈M2年增率大，M1A變小，貨幣供給額年增率在過去十年只增加兩倍，但股市的籌碼(上市公司家數乘以資本額)卻增加近十倍，錢增加得慢，股票增加得快，股價哪容易漲呢?。

第五，**股市的制度設計不對，**政府似乎沒有能力和人力管得著這麼多，也抱著睜一隻眼閉一隻眼的心態，得過且過。以前，我在台灣經濟起飛時期叫我爸爸去做小工（ㄒㄧㄜ ㄍㄤ），就是在農村休耕時，去打打零工，當時很多種田的下港人都到台北縣市去蓋公寓和蓋工廠，都賺得比農夫耕田還多，政府是「以農業養工業」的心態，犧牲農業以全力來發展工業。

而現在股市的政策是什麼呢？**就是「以散戶養上市公司」，拿散戶的錢來發展經濟，讓企業上市籌資**，公司上市以後能成長茁壯，才有足夠資金和國外拚經濟，但這種作法是公司賺了錢以後，董監事、大股東分最多，散戶分最少，所以散戶都在哀嚎，股票不合理的制度設計和政府心態產生這樣悽慘的結果。散戶要把情況看清楚，投資股票時要有方法，不是隨便投資，因為現在已經不是從前可以隨便買的時代。

錢被帶到大陸去投資，股票籌碼增加十倍變成一千家，貨幣供給額減少，有限的資金追逐無

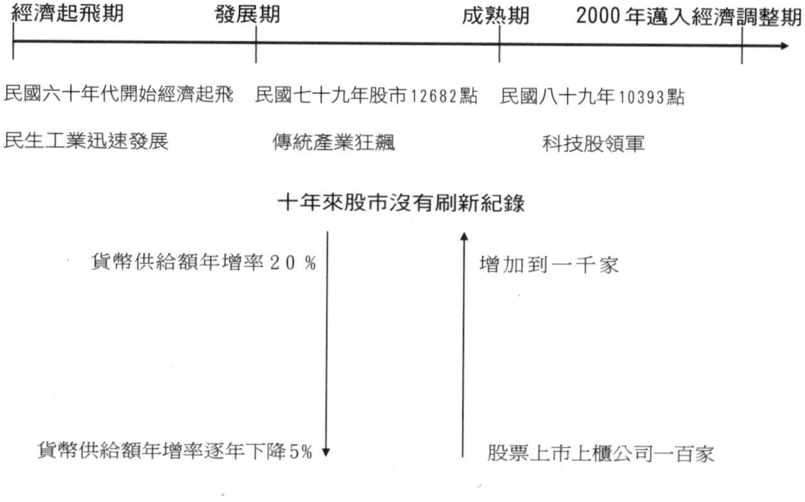

貨幣供給額大幅減少，籌碼卻增加十倍

限的籌碼，當然，台灣股市很難刷新紀錄，這種情況如果不改善，持續惡化，台灣股市要漲到多高很難了。

關鍵法則

1資金外移大陸、股市籌碼大量增加、貨幣供給額減少、全球不景氣，加上股市不合理的制度和政府的心態，使得台灣股票市場很難創新高。

2投資股票，要有方法，不是從前可以殺進殺出的時代。

2 股市內幕看透透

如果必須經過太多的調查才能明白某件事情，那麼一定是出了什麼問題。

美國投資之神　巴菲特

主力與法人

股票市場上有所謂持大量資金的大戶，這些常見的大戶包括主力（市場派），法人（自營商、外資和投信）以及投顧公司的老師，又稱新主力。

談了台灣股市的制度不利於散戶，接下來談股市暗中操作的內幕之前，先來瞭解什麼是主力和法人。**「主力」是所謂的市場派**，他們身上背負著大量的資金，通常選定一個標的後，不管基本面或技術面，就開始佈局，可能從媒體披露消息，也可能從號子中傳出耳語，更可能是聯合好幾股主力，開始炒作特定股票。

在民國七十五年之後，台灣股市展現大多頭行情，指數由一千多點大漲至民國七十九年間的一二六八二點，股市成為全民運動，投資人爭問明牌，跟著主力跑，把市場主力當成神一樣，在民國八十年之後，政府開始實施金融自由化，逐步解除外資投入國內股市的限制，這時基本分析才逐漸抬頭，價值投資也成為投資人依循的根據，主力才慢慢喪失影響力，不過，新主力也開始進駐市場，就是我們所稱的法人。

台灣證券市場上的法人，分為三大類，分別為自營商、外資及投信。在民國七十年以前，股市幾乎全以散戶為主，自己解讀資訊，自己操盤，不過，在越成熟的股市中，專業經理人（即代客操作的專家）則越受到重視，法人自然就在股市佔有舉足輕重的地位。

專業經理人提供代客操作的主要組織型態為證券投資信託公司，透過各種不同的基金，提供專業知識服務投資人，而投資人則以服務費的方式回饋基金經理人，台灣第一家此類公司為國際證券投資信託公司，成立於民國七十二年，民國七十五年初，又陸續有光華、建弘、中華三家成立，在之後的六年中，政府並無核准新的投信成立，到民國八十一年，才又開放新投信的申請與設立，目前投信已有四十幾家。

另一種投資諮詢機構為證券顧問公司，投顧目前非常多，競爭也很激烈，以發行投資刊物，成立會員組織等方式來服務客戶，股市分析師就是我們常常在電視上看到的解盤節目所租時段的老師們，這些投顧又稱新主力。

隨著國內基金規模的擴大，和投顧公司不斷增多，散戶們想要把投資交給專業經理人時，面對股海中的風風雨雨，一定要瞭解所謂主力和法人的運作方式，審慎判斷與評估，才有機會在股市中投資獲利。

你拚得過法人嗎？

法人龐大的資源，是戰勝股票市場的基礎。拚不過法人，就要遵守股票投資的原則。

如果你有去過法人操盤室，就知道如果光是憑區區散戶的力量，是很難贏過法人的，除非你有「超級頂尖」專業的理財知識。

這可是一點都不誇張，以前我在跑財經新聞的時候，到了這些法人操盤室，光是一個人要用的電腦螢幕就有五台，螢幕上顯示著世界各地重要經濟大國的財經資訊，還有報導國際新聞的電視台，以及國內的股票盤，外匯盤，區域性的期貨盤等。法人為什麼要有那麼多的螢幕呢？原因就在於**訊息是可以賣錢的，這些資訊都是即時的、最快的，法人的訊息只要贏其他人一秒鐘，就贏了全局**，好像賽跑一樣，最快的做第一名，不管是是贏一秒還是○・○

一秒，得第一的人就拿金牌，這種「極速」的訊息操盤室讓我們知道，散戶和一般投資人訊息速度絕對不會贏法人。

為什麼訊息速度這麼重要？想想幾年前聯電轉投資的公司聯瑞發生大火，股票就馬上跌停，知道發生火災的人，第一件事情可能不是打一一九，讓消防隊趕快來救火，而是先打電話到證券公司賣股票，這是人性，人都會先顧自己的生死存亡，錢也是一樣。

所以訊息和搶得訊息的速度非常重要，股票晚賣了一分鐘，可能就會多賠好幾億。這麼說來，當世界上發生重大訊息的時候，第一個知道訊息的是誰？絕不是美國CNN（美國國際新聞台），也不是CIA（美國聯邦調查局），而是法人操盤室，因為金融市場最敏銳，其中有以股票市場反應最快，比如某個地方發生大爆炸，絕對不是新聞記者先知道，而是有投資人會馬上打電話跟銀行說：「ㄎㄚ ㄎㄧㄣ（快點）喔，給我股票賣掉。」

所以，法人的操盤室除了前面有五個螢幕之外，至少還有五支到十支電話，這麼多電話可不是聊天打屁用的，這十支電話是幹嘛用的？第一，就是法人投信的總部要趕快打給全世界的分支機構，告知某個地方出事了，要盡快出脫手中股票，另外一個用途就是打電話出去再一次確認是不是有這樣的事情發生。

舉個例子來說，美國花旗銀行總共在全世界就有幾千個分支機構，兩萬個研究員，遍及歐洲、美洲、亞洲、非洲和大洋洲，每一個角落幾乎都沒漏掉，不管是印度的孟買，智利的布宜諾斯愛立斯，冰島的雷克亞維克等都有法人操盤室，這些分支機構比美國CIA在全世界的分局還多，他們還有一個專門組織是給全世界用電話確認訊息用的，誰比較厲害？當然是花旗銀行厲害，沒有一個金融機構像花旗銀行這麼快。**因此，站在取得訊息的角度，散戶肯定輸給法人**，花旗銀行又是其中的超級法人。

第二，**想要在資金上拚過法人，也很難**。比方說一個散戶準備一千萬資金來與股市搏鬥，第一次買三百萬，賠了，再買三百萬，再賠，就再買三百萬攤平，再攤平，頂多也只能買三次三百萬，老本就沒了，散戶能和法人在資金上硬碰硬嗎？光是一家自營商，假使手上就有五十億資金，先下兩億，賠了，再下兩億，好像永遠都有用不完的兩億，五十億總共可以拚二十五次，散戶贏得了嗎？更何況三百萬根本不能影響股價波動？可是兩億卻有辦法把一個公司的股價鎖死，不管是鎖跌停還是漲停。所以說得可憐一點，散戶那麼一點點資金想要撿一點法人金庫中的金碎片，賺取幾十億的一點零頭是非常難的。

資金輸法人，訊息取得的速度也輸法人，第三，縱使你有金頭腦，每天勤奮努力、日夜不懈的研究，**專業財經知識要贏過一個操盤人不是那麼簡單**。這些進駐在操盤室的投資高手，不是美國華頓（Warton）經濟學院畢業的ＭＢＡ，就是哈佛、史丹佛或耶魯等世界級名校畢業的高材生。國內學校也有台大、政大商學院畢業的，要苦學幾年才能贏呢？

第四，**在研究團隊的功力上，每家投信公司都養了好幾十個「報馬仔」**（研究員），就是上前線去刺探軍情的人，每天不是研究某家公司是否能投資，就是登門去拜訪上市公司，寫成研究報告以後，再回來告訴操盤人某家公司股票是可以買還是不能買。一個散戶，總不可能有那麼多研究時間和功夫嘛！

以訊息、資金、知識和研究團隊的角度上來看，和法人硬碰硬只會頭破血流，難怪台灣散戶都是賠得一屁股的居多，但是散戶還是要靠股票賺錢致富啊，那投資人唯一能拚什麼？最重要的，就是我說過的三個投資原則：「低點買、買好股票，和波段操作。」尤其要抓到低點，就是感覺台灣這條船好像要沉下去的時候，人心惶惶，沒人敢進場時，是最好的買點。據我觀察，台灣一年至二年多半都會出現一次這種悲慘的情況，但是困苦的背後都是契機的開始，股票市場通常都會在大跌之後有一波紅通通的行情，這也是為什麼市場有句話是：「大跌之後必有大行情。」，然後設個停利點，賺個三成、五成就落跑，留給別人去追打廝殺，我多年來都是秉持這樣的原則，也真得每次都賺到至少兩成以上的利潤。

關鍵法則

沒有戰略的投資客，與法人廝殺拚搏，輸。
聰明穩重的投資人，遵守玩股票原則，贏。

所以投資人不要去和法人比什麼訊息和知識，多看報紙和蒐集財經資訊也沒有多大用處，你的資金再雄厚也比不上法人，要和法人對決這些，是不會贏的。

就拿資金來說好了，我認識一位非常非常有錢的人，這位公子哥是超級企業集團的第二代，他縱使有幾十億台幣和法人拚，結果還是輸到一毛都不剩，他怎麼虧呢？他私下拿了龐大資金去操作國際的外匯期貨，結果這筆期貨他輸了，而且輸得很徹底，總共輸了一億美金，約三十幾億台幣，結果他自己也受不了這麼大的壓力，因為三十幾億對他和他的家族而言，算是大錢了，他事後告訴我說：「我當時真的壓力大到去廁所大號的時候，竟然還大出血，整個人像是虛脫了一樣動彈不得，直發抖。」還好他老爸最後還是原諒了他說：「兒子啊，輸了就輸了，沒關係，這是一定要繳的學費啊，只是你太大膽了，一下子就玩了一億美金。」財團虧錢也很痛！但對於集團幾百億的資產而言，並沒有造成不可彌補的傷害，不過一般投資人就不同了，虧了幾百萬，可能就要抵押房子、到處借錢，比要了老命還嚴重啊，從資金來講，財團有這樣的財力和法人拚，但是一般投資人可千萬不要這麼做。

有些事情想起來真是天方夜譚，可是就發生在我們的身邊，玩一億美金外匯期貨，是真實的事情。還有更讓人難以置信的，國內有一家金融財團，一年就花了幾十萬美金，養了世界超極強國的「大官」當國際外匯的內線，當國家貨幣要漲要跌的時候，馬上走漏消息，所以這家財團總是可以拿到第一手資料。散戶不要小看法人的力量，國際上有內線，超級大財團養了這麼多人，花這麼多錢，目的就是要當一個內線的優勢者，因此賺更多錢，掌握更多的權力，台灣股市更是內線交易的大本營，接下來我們就來談談。

內線交易太頻繁

股市的內線交易很嚴重，台灣政府也很難抓，買到地雷股，散戶更是只能自認倒楣。

台灣股市有一句名言：「千線萬線比不過一條內線」，這說明了即使是極客觀的技術線型，也抵擋不過公司派和主力的「內線交易」，根據瑞士洛桑管理學院針對全球幾十個國家的股市做的調查報告，台灣股市的「內線交易」可穩居世界第一。

前面提到的年輪理論，散戶處於最後一個才知道訊息的位置，特別是在台灣最負「盛名」內線交易的情況下，散戶更是吃虧，何謂內線交易呢？**就是這些上市、上櫃公司的公司派、大股東與投信法人或主力「約好」一起炒作某一支股票，在業界私下的術語又叫做「聯合鎖單」**。

看過不少「出名」炒作事件的我，說這情形有多嚴重就有多嚴重，無怪乎被國際譽為「世界第一」。有位主力辦公室，竟然連玻璃都是防彈的，要進入辦公室，關卡重重，管制極嚴。

炒作股票的內幕是什麼呢？這當中可有學問。由於投信通常掌握一批不小的資金，少則幾億多則幾十億甚至幾百億，這些錢其實是來自於散戶們所投資的基金，而基金的經理人有一些就是所謂幕後的「主力作手」，常常和公司派炒作股價。

照規定，**一個基金經理人買一支股票只能買到該基金七％的額度**。比如此基金規模是十億，最多只能買七千萬，七千萬很難鎖一支股票，於是就聯合其他基金來鎖單。換句話說，一個人哄抬股價的力量太過薄弱，就有所謂的「聯合鎖單」。一開始，公司派會和好幾個作手有一次關鍵性的會面以「共商大計」，一起來炒作股票，他們會講好在某一段限定的時間內所要買的張數，然後在談妥退佣的比例。比方說，這些分贓的合作伙伴會規定在一個月以內每人各買一千張，若平均所買的價錢是五十元，花了五千萬，講好退佣是百分之十，那麼公司派就給這些主力們每人「五百萬」的大紅包。

那麼公司派賺什麼呢？若聯合了十家投信和券商的「作手」一起鎖單，一家買五千萬，十家就買了五億，加上拚命在媒體上「放好消息」，或用在商流傳某張「明牌」的手段，散戶看到股票天天漲就會追進，換句話說，這些公司派可以歡天喜地大量在股價高點區將股票倒給散戶和基金。

有個主力，就是用在券商流傳明牌的方式，讓散戶進場，他在十家券商開戶，在每家號子下一千張買單，圍在超級營業員旁邊的散戶一定立即跟進，如此一來，主力叫進一萬張，但散戶會跟進更多，主力的槓桿操作非常漂亮，所造成的影響力也很大。這就是為什麼洛桑經濟學院來台灣觀察時，會將台灣列入內線交易第一名的原因。

關鍵法則

聽明牌，聽消息，輸。
低點買，買好股，贏。

投顧老師大多不可信

每一筆投資要謹慎小心，跟著投顧老師操作是很危險的，特別是每天殺進殺出的買賣方式。

台灣另一個特殊景象是「股市老師」充斥，又稱新主力。能說善道，表演功夫一流，每天聲嘶力竭的在第四台的租時段喊進股票，這樣的情況你一定很熟悉：「你看你看，我今天叫進的××股票又再度漲停板！」

這些老師在電視台租時段收取會員費，黃金時段和一般時段收費有所不同，一般而言，每半小時每月租金一百萬到兩百萬不等，有些投顧不只租一家電視台，市場行情好，還可以漲到三百萬，有些投顧不只租一個時段，每年花費非常可觀。

老師們花這麼多錢租時段，打知名度，目的在招收會員，收會費，像自稱擁有日本經濟學博士學位的某投顧副董事長，其會員就分成三級六等：

第一級是特別會員，下分金卡會員，月會費三十萬；銀卡會員，月會費十五萬。

第二級是一般會員，下分一年期會員，年費三十萬；半年期會員，會費十五萬；三個月期，季繳七・八萬元；一個月期會員，月繳二・五萬元。

繳費不同，服務當然也不一樣，最高階甚至可和「老師」直接通電話，問明牌，越低階的會員只能靠語音或傳真機聯繫，最重要的是，繳費越多，通知越快，可以讓別人抬轎，繳費越少，最慢獲得訊息，常常成為幫老師出貨的工具，是最後那隻套牢的老鼠。

刑事警察局查出，這位某投顧的副董事長，用人頭戶買進某特定股，再打電話叫會員們跟進，許多會員最後被高檔套牢，最紅的時候，他的演講，一張兩千元，黃牛票還叫價五千元。

賺會員費、演講費和炒股票，這位投顧副董事長一年收入高達三億，後來檢方起訴他時證明他根本沒有日本政府所正式承認的大學財經博士學位，只是對外吹噓，而且他利用會員散戶幫他拉抬特定股票的價差利益的非法行為，被具體求刑了三年。

他們這些投顧老師如何報明牌，炒股票呢？其實報明牌炒股票就是租時段每天叫進叫出，為公司派和法人「抬轎」或「出貨」，這種喊盤幫忙出脫股票的新三邊掛勾模式，也要有一次大型的集會，互相討論要炒作的價錢和出貨的方式，然後準備大大的削他一筆。

股市行情好的時候投顧業者年收入少則幾百萬，多則數千萬到上億，每年幾千萬的第四台時段費也不痛不癢的砸下去，就如同我前面說到的金山理論一樣，上市上櫃公司的金主，還有靠股票周邊產業賺錢的才是真正的贏家。而其投顧分析師年收入也都在兩、三千萬不等，

投顧老師炒作股票流程

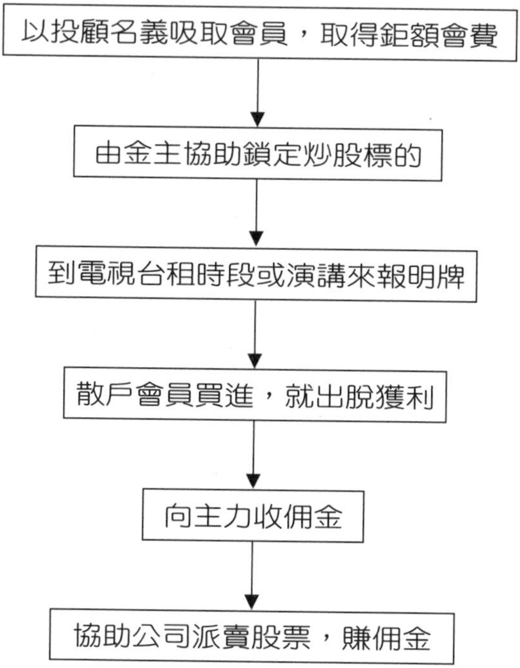
以投顧名義吸取會員，取得鉅額會費
由金主協助鎖定炒股標的
到電視台租時段或演講來報明牌
散戶會員買進，就出脫獲利
向主力收佣金
協助公司派賣股票，賺佣金

更多的也有，一方面大張旗鼓的收會員費和公司拆帳抽成。此外，若與主力和公司派掛勾，大玩金錢遊戲，在第四台喊進股票，俗稱「喊盤」，喊成功了，同樣有可觀的退佣收入，從此步入穿金帶銀、住洋房、開跑車的富翁生活。

這麼好康的事錢都從哪裡來？當然是從散戶的口袋中一點一滴的把它榨乾。

這些事其實是要讓散戶有所借鑑，特別是那些頂著財經博士、碩士的后

冠，每天帶散戶殺進殺出的「老師」，千萬不要誤聽其言，跟著買股票，否則你馬上就會住進套房。不敢說所有的投顧老師都是不好的，當然也有認真在替投資人賺錢的專業分析師，主力、公司派和投顧老師聯手A錢的例子，就是要提醒投資人，處於年輪最外圍的位置，每一筆投資都要謹慎小心。

關鍵法則

1不聽老師的明牌。

2不跟老師殺進殺出。

我常在想，老師如果那麼厲害，叫進的股票天天漲停板，那他把房子賣掉拿去抵押，來投資股市，老早就變大富翁了，何必當老師這麼辛苦呢？我在年代產經台主持《前線追擊》節目時，曾有投顧老闆來邀我去當總經理，年薪一千萬元，簽兩年約，我問他總經理要做什麼事，他說沒做什麼事，就是去喊盤，收會員，會員費我可以和公司分，我沒答應，他進一步地遊說我，他們公司某位最紅的老師，該月會員費收入高達四百七十二萬，我雖然吃驚，但最終還是沒答應，這就是老師們賺錢的方法。

鉅款掏空案

有錢有權的人，可以在股市中呼風喚雨，政府若不正視這些問題，台灣的貧富差距會越拉越大。

「掏空」是台灣投資人不可不知的一項嚴重的問題，掏空指著一種台灣極「難看」的負面形象，三不五時就有頭條新聞報導財團掏空銀行、銀行又掏空國庫、某人倚仗權力掏空公司、公司又去掏空銀行，這些掌握錢與權的政客、立委、財團、銀行大膽地在這個貪婪之島上玩起掏空的金錢遊戲。

先說說立委是怎麼胡搞的呢？某立委是掏空的典型代表，在選區域立委時他買票要花三億，但不一定選上，隨後砸下了兩億，當上某黨不分區立委，當立法委員有什麼好處？什麼樣的誘因使他願意揮霍這麼多的資金來選舉？答案就是當了立委以後，可以撈更多錢，兩億換十億算起來還真不虧。

這位立委一開始以不分區立委的身份進駐財政委員會，再藉由他的立委權力擔任上市公司董事，前後共掏空了三家公司，財政部幾乎對他無可奈何。

還有一位金主，是以區域立委的方式選上，很多立委在選舉時會賣餐券給選民，藉以募集競選資金，一張餐券五百塊或一千塊請選民吃一頓，但是這位立委的方式是：你來買我的餐券，只要我當選，你這張餐券可以換兩萬元，而餐券一張只賣五百塊，天啊，成本五百，報酬兩萬，多麼好康的事情，很多人想要賺這一筆就一定會投他票，甚至還會發動其他人去投他的票。

這是什麼怪招？似乎又不能以傳統的「賄選」來說明，現在選民變聰明了，立委若賄選，給了好處，但選民不見得會投票給他，但是這位立委的方式又魔高一丈，用這種「期貨選擇權」的方式來鼓勵投資，期貨是買未來的趨勢，選擇權是以較低的成本買到可以投資的權利，這種變相的賄選方式，還真讓這位金主當選了，可見這招還真有效。

之後這位立委借用權力，搞了一個違約交割案，這個違約交割案總共違約交割了七十二億鉅款，然而不見的錢卻要由政府和投資人來承擔後果，在股市長期翻雲覆雨，號稱不倒翁的這位立委才移送法辦，判了四年有期徒刑，後來上訴又不了了之。

政府才因此成立違約交割基金，向每一個券商抽一點錢來當成基金，只要有違約交割案無法解決時，就由這裡面的錢來填補黑洞，從這幾個角度，立委有法律保護傘、有權力歪膏ㄍㄜ（貪污）、有錢可以撈，難怪很多人拚了家產也要選上立委。

關鍵法則

選民要有雪亮的眼睛，選出真正為人民辦事的好立委。

大玩掏空遊戲的也不只立委，只要手上掌握金錢與權力都可以呼風喚雨，政府也拿他們沒輒，媒體也當炒炒新聞就漸漸被淡忘了，但是整理起來，像這樣上市公司「內線交易」是多得不得了，只是有沒有嚴重到被政府發現罷了，多半這樣一個共犯結構都被大夥兒睜一隻眼閉一隻眼就算了，甚至投資人自己也不會想到他們所掏空的都是自己的錢。

內線交易模式實在是太常見，隨便就可以說出一堆活生生的例子，東帝士集團旗下的東華開發公司所爆發的掏空弊案，就被私下挪用高達八億元。上市公司的東隆五金，一夕之間發生數十億資產被董監事掏空，使投資人血本無歸。中興銀行資產掏空案，竟然異常放出約七十件的重大貸款案，呆帳高達近八百億元，投資人只能啞巴吃黃蓮。擎碧建設、國豐集團、國揚建設都報不實假帳炒作股票，掏空數十億元，這些例子不勝枚舉。

表面上，似乎沒有投資人的事，反正就像看看花邊新聞，看這些呼風喚雨的老闆們接受檢調單位的偵辦和詢問，沒多久就不了了之，**實際上，他們掏空的，是散戶投資股票的錢，連帶也掏垮了台灣的經濟基礎。**

關鍵法則

公司派炒作股票、掏空公司資產的情況是頗為嚴重的，聰明的投資人，必須選擇真正在經營本業的好股票來投資。

所以瑞士洛桑管理學院評估四十七家內線交易，台灣是第四十七名，就是最後一名，換句話說台灣是全世界內線交易比率最高最嚴重的，這個報告是全世界兩千家國際公司來填問卷，台灣光只訪問十幾家國際企業，結果還這麼嚴重，這就是年輪理論所提到的，散戶處於最不利的位置。散戶怎麼也不會知道公司派、法人在幕後大玩金錢遊戲，加上政府法治不彰，管也管不住，甚至有時候乾脆一起同流合污的也不在少數。到目前為止，上市上櫃公司的內線交易和非法利益輸送都很少被關的，頂多繳上一些易科罰金，捅了婁子，出了事，政府才會派人查一查，但這又有什麼用呢？投資人的錢早就付之一炬。

過去，國民黨執政時每年都有上千件異常的股票交易，但是檢調單位沒有能力也沒有人力去多管，實在很難查得到。一千件大概只有十件被罰，又只是易科罰金，這些罰金對財團而言，比起掏空鉅款只是小CASE而已，怎麼能遏止這種狀況呢？

所以台灣有句俗諺可以來形容這些有錢有勢，利用上市公司搞內線交易的老闆們，司法對他們而言，通常是：「一審重判，二審一半，三審豬腳麵線。」

在美國，內線交易可是抓得兇，曾經有一位大銀行的董事長喜歡嫖妓，上酒家的時候告訴某位妓女：「如果妳服務好，我就幫妳賺大錢！」，說是賺錢，其實就是給這位小姐報明牌。而這位妓女又興高采烈把明牌告訴她的姊妹淘說：「有一家上市公司最近利潤很高，可以去買！」於是乎，幾個姊妹淘就花了大筆錢進場去買同一支股票。沒多久，美國政府派人抽查，覺得很奇怪，這些姊妹淘怎麼都不約而同買同一支股票，還買很多賺不少錢，調查員想想她們這些妓女們對股票投資一竅不通，就一一將這些姊妹淘們抓去調查，這可把這些妓女們嚇壞了。美國證券交易法管得很嚴，這位銀行董事長最後被揪出來，被叛了一百二十七年有期徒刑，絕不寬待，等於關到死。可見在美國，只要內線交易被查到，一輩子就玩完了。

在台灣，掏空好像玩小孩遊戲一樣非常簡單，更別說是報明牌這種小兒科。內線交易之嚴重，散戶看不到也不知道，投資人為了賺錢，不斷把資金送送給董監事、公司派或大股東，希望他們能替公司多賺點盈餘以利分紅，但是誰會知道貪贓枉法的事情這麼多？散戶是最無辜的，政府若在不重視這些問題，揪出這些胡搞的人，台灣貧富差距是會越拉越大，有錢的越有錢，沒錢的又更窮。

關鍵法則

1政府要拿出魄力對股市制度進行改善，建立強而有力的監管機制。

2散戶將錢送給上市公司去經營本業，換來的卻不是盈餘分紅，長期來看，台灣貧富差距會越拉越大。

印股票換鈔票

認購股票要小心的是上市公司辦理現金增資的真正目的，是經營本業，還是抱持著印股票換鈔票的心態。

企業若是要籌措資金，到股票市場上準沒有錯，只要辦理現金增資，就可以從投資人手上募集不少資金擴建設廠，並增加業內和業外的投資。

對於一家體質好，具成長性的公司而言，投資人大可放心投入資金認股。但是若和前面提到的這些惡搞財團一樣，把印股票當成換鈔票，那麼投資就要非常小心了。

當企業（一般指股份有限公司）為募集資金而發行股票時，若該股票是在有限公司成立之後才發行股份者，即是「發行新股票」，由於我國公司法是採受權資本制，所以一般企業發行新股票有兩種情形，一是公司成立時，二是公司增資時：

1公司設立時發行新股票：公司設立以後，可依章程規定分批發行股票，一般來講，是以股份總數的四分之一以上作為第一次應發行之股份，其餘則在公司成立後，視資金需要分次發行。

2公司增資時發行新股票：公司如因擴大生產規模，或基於其他因素之考量而增加成本時，可以利用發行新股來達成，唯其所增加之股份不需一次全數發行，可授權董事會將其四分之三以下的股數視實際需要分次發行，是一般所謂的「發行新股」，即增加資本以後所發行的新股票而言，我們也稱「現金增資」。

正常來說，未上市的公司或已經上市上櫃的公司多半是為了要買機器、原料、廠房等以擴建公司的規模，或者轉投資其他事業，甚至是為了改善財務結構，由於缺少足夠的資金，才辦理現金增資。比如說一家股本只有兩億的公司，為了增加股本變成四億，這家公司會整理出一份投資報告，包括公司展望、投資項目和預估盈餘等，以及說明辦理辦理現金增資的目的，向證管會申報，一旦證管會通過以後，便以預訂的發行價發動股東和股民認購。

多半發行價會低於目前的股價，才能增加認購意願，比方說股價是十五元的股票，公司所設定的發行價是十元，那麼投資人只要認購成功，就有五元的差價可賺，而公司增加兩億的股本，一股十元，亦即可以募到兩億的資金。

還有一種是溢價發行，即公司用高於目前股價的方式進行溢價增資，比如某家上市公司的股票目前是一百元，但是要用一百二十元溢價辦理現金增資，這種做法多半是股票供不應求，並且看好公司未來的前景。若這家公司現金增資十二億元，亦即增加一億股本。

股票常識

股本：即一家公司的資本額。發行價一股為十元，一百億股本，一股十元，亦即此公司發行十億股。

總市值：上市後的股價×總發行股數。若上市後一股為十五元，發行十億股，則總市值為一千五百億元。

發行張數：發行股數÷一千股＝張數。通常一張股票以一千元為單位，總股數十億股的公司，等於發行一百萬張股票。

在外流通籌碼：股票張數×股價×一千股。一家公司的股票上市以後，會有部分股票掌握在公司派手裡，部分由投信法人和投資人承接。如果一家公司股本五億，在外流通籌碼佔四十％，等於有兩億股本在外流通，換算後即兩千萬股，或等於兩萬張股票。一股三十元的股價，一張三萬元，20000×30×1000＝600000000（六億），即有六億籌碼在外流通。

常常會聽到身邊的親朋好友說：「有便宜的股票，要不要認？」大部分的人會認為發行價比股價便宜就放手去認了，可是通常沒想到買了就賠錢。在股票呈現多頭走勢時，看起來頗有「賺頭」的股票，但只要散戶一認購，同樣慘遭滑鐵盧。

為什麼呢？因為有很多上市上櫃公司純粹是要A散戶的錢，溢價發行更是在股價高檔大賺投資人一筆，反正也沒人會關心最後這些錢都拿去幹什麼用，特別是財務不夠透明的公司，這些募集到的資金更可能會流向不明。為什麼證管會就這麼好講話呢？因為證管會採取的方式是事後報準而非事前審查，換句話說，幾乎每一家都會通過。

真嚇人啊，上市上櫃公司現在有一千多家，算算只要有十家辦理一億元的股本增資案，認購一張股票算最便宜十元好了，就至少有十億元的資金投入市場。過去台灣現金增資最高峰的情況，每年還可以增資到幾千億元，那麼多現金增資案證管會礙於人力物力也查不清楚，反正他們的心態就是：只要股東、投資人都沒意見，沒出紕漏，那就懶得去深入瞭解。

雖不能一竿子打翻一船人，有許多公司辦理現金增資倒是真的要衝刺本業，打拚經濟，對台灣是有幫助的。但不少的公司資金卻是流向不明的，怎麼判斷哪些公司只是想A錢呢？這當中可有跡可尋，特別是那些剛起步的公司，股本小，要辦理現金增資，通成把公司的未來「錢途」和「前景」說得有多好就有多好，一點都不臉紅，這點可以從他的產業是否真具有未來成長性來判斷，甚至把上市上櫃的相關財務報告都做得很漂亮，如每股盈餘五到六元，不斷向各大媒體放出「利多消息」，這時候反而要小心。

一般來講，公司辦理現金增資的原因不外是業務擴充，或快速成長等正面理由來像證期會申請，而投資人也會受到高配股或股票獲利能力等因素誘惑來參加現增，但不少公司於大量增資後，獲利能力反而遭到嚴重稀釋，參加除權的股東，並未享受到增資配股後的實質利益，甚至財富縮水，原因在於股本膨脹，而造成每股盈餘減退，股價也跟著下跌。特別是電子股，過去幾年有多少家股王，股價高，股本小，但十年時間，公司股本擴充到幾百億，股價剩下幾十元，在股市賺錢者幾稀？

關鍵法則：

1上市公司辦理現金增資，不斷地放出「誇張」的利多，製造每股盈餘很高、長線看好的假象，以及幾近完美的財務報表，這時候反而要小心。

2現金增資會使股本膨脹，每股盈餘反倒縮水，股價下跌，因此投資人要精打細算。

舉個例子來說，多年前，就有一家主機板的小型公司在上櫃之前就向證管會提出現金增資兩億元，溢價六十五元發行，在上櫃之前就不斷放出利多，包括年營業收入為五十億元，預估每年成長三十%，稅前淨利達三億元，預估每股盈餘將近四元，這樣一吹捧起來，本益比算二十倍，感覺上股價要八十元才合理，因此很多散戶就一窩峰的用六十五的高價搶進，想要賺取價差，但是從此以後就一路狂跌，現在只剩下水餃股的價值，很多散戶跑都來不及。

這就是典型的例子，先發佈調高財測的消息，然後申請現金增資，等增資完畢，再發佈降低財測的訊息，投資人才大罵上當了，這些公司的作法實在令人詬病。

所以，投資人千萬要明察秋毫，小心公司印股票來換鈔票的陷阱。

別被假消息唬了！

股市新聞，必須作理性的判斷才知真假。

我自己是媒體人，其實記者大部分是好的，也有壞的，比方說有些記者就會去「插乾股」，就是私下拿股票，當某家公司要上市上櫃，他們會鎖定幾個大報的記者，用發行價十元讓記者認購，真正上市股價是五十元，那記者馬上就現賺四十元價差，這是一種變相的賄賂。

那記者給上市公司什麼好處呢?就是拚命寫好消息，讓股價上漲。如果記者手上有股票，又拿人錢財，股價上漲對雙方都有好處。所以我們在判斷股市新聞時真的要小心不要被唬了。

這是一種方式，另一種是操守更差的證券記者，自己到快要上市的公司去要股票，恐嚇這家公司說：「我可以寫壞消息去影響股價！」這記者還會動用人脈關係，找立委去杯葛，或請證管會去查。

所以，有些新聞會是假消息，怎麼判斷真假消息呢？

第一，要看新聞寫的完不完整。比如一篇新聞從頭到尾都寫某家公司盈餘好得不得了，上個月創新高，然後接下來三個月公司預估營收可以成長多少，像這種新聞，就可以看出記者的程度不及格，因為不能只寫盈餘多少，營收成長多少，而是要和去年同期來比，用比較的方式寫才完整。如果去年盈餘成長率一〇〇%，今年只有二十%，你只看到成長二十%卻不知道盈餘其實是萎縮的。營收與去年同期比成長三十%，盈餘比去年同期成長四十%這才是標準的寫法。

第二，盈餘要寫清楚。如果營收是一百億，但是真正卻賠錢兩億，盈餘很差，不講盈餘只講營收的新聞就有問題。另外，盈餘還要看多少是本業盈餘，就是本業收入，光是業外收入就要特別注意。有些上市公司是短期盈餘已經入帳，投資股票盈餘很多，可是本業很糟，如果記者沒寫，這顯然是有問題，就是基本面不好。

第三，加入個人判斷。比如寫某家公司後市看好或判斷股價走勢，如股價會到多少等。記者的職責應該是把看到的事實面寫出來，不需要下判斷，如果寫出股價應該多少，就是有想影響股價的嫌疑。或者是訪問五個人，都在講某支股票很好，而沒有人持相反意見或平衡報導的都要小心。

第四，外資大量買進某支股票。其實股票市場有所謂真外資和假外資，這牽涉到兩個問題，外資買有可能是看好台灣股票，也有可能是國際股市不好，來台灣做暫時的避風港。另一方面外資不重視現貨，重視期貨，有時候買進是想用現貨影響期貨，特別買進一些權值型股票（就是能影響大盤指數的股票），這些是真外資。

有些就是假外資，有很多家上市公司老闆會把錢匯到外國銀行，然後從外國銀行委託某家券商下單來買台灣自家的股票，比如拿二十億匯到國外的證券公司，在台灣的分公司下買單，其實買股票的是同一個人，散戶很難會知道這是假外資，也很難查得到，現在規定一個人一年的國外匯款是是五百萬美金，即約一億七千萬台幣，老闆只要多找幾個戶頭就夠用了。所以買股票並不能隨著外資起舞，這裡頭有很大的學問。

所以，一個記者所發佈的新聞是真是假，可否相信，有無內行，與公司派有無掛勾，可以從多方面來判斷，而一個公司的財務現況，也可以從這裡來坐健康檢查。

3 如何投資股票獲利

行情總在絕望中誕生，在半信半疑中成長，在充滿希望中毀滅。

華爾街名言

股市致富之道

百分之九十的股票投資人都是沒有理論，是情緒衝動的投機客。

接下來要談談我一直強調的買股票準則：「低點買、買好股票、波段操作」。照著這個法則走，股票錢不會難賺，而且，還可以成為億萬富翁，多年來，我一直認真、實際的奉行這些寶貴的原則，這些原則我在後面還會一一詳述。

第一，**低點買**。市場低迷給我們一個好的投資機會。很多人認為抓低點很難，因為總是不曉得股票還會跌到哪裡去，但是這其中是有訣竅的。

第二，**買好股票**。就是基本面好，公司財務透明度高的。

第三，**波段操作**。任何市場都有三種主要走勢，就是上漲、下跌和盤整。買股票一定不能放一輩子，要高賣低買，股票是有上下波動和漲跌循環的，這在股市術語叫做波段操作。

我一直奉行這三個股市操作準則，我大概一年只操作一次到兩次的股票，有時候兩年才操作一次，等到時機來臨，就一次大量買進，一方面避免交易頻繁所帶來的高額成本，另一方面，只有一次大量低點買進，才能大賺一筆。

絕佳的買進時機點，就是「低點」所在，在我多次與一般散戶接觸的過程中，他們異口同聲的都告訴我：「啊買下去要是再跌怎麼辦？」「心驚驚實在不敢隨便買。」或「我哪會知道低點在哪裡呢？」

其實，選股票低點並不難，下一節我會提到「選低點的十大指標」，我每一次購買股票的時機都是耐心地等到「絕佳低點」才買，台股在二〇〇二年十月股票跌至三千八百多點就是個好買點，當時阿扁政府提出一邊一國論，造成台海兩岸的緊張氣氛，許多人紛紛將股票拋售出來，深怕台海戰爭即將開打。**大家都擔心害怕，股市成交量極小的時候，反而就是很好的進場時機**，結果那次股市一路從三千八百點漲到五千一百點，足足一千三百點的漲幅，約有三十%的幅度，一次的大量買進，就為我帶來不少財富。

再來就是要買好股票，這可是要有選「好股票」的功力，好股票不只是公司體質好之外，同時股票還要有價差空間，較大的價差才能提高投資報酬率。

最後要談的是波段操作，記住一句話：「景氣是有循環的。」股票不是上漲就是下跌，三千點會一路漲到一萬點，一萬點也會再次跌回三、四千點，這就是股市的循環。

一般投資者的心理是：「我還可以賺更多」，當股市像潮水一樣暴漲時，即使已經賺了錢，還是捨不得把股票獲利了結，最後等股市跌的時候，想賣股票就來不及了。這時最好的作法是設停利點，股票漲到一定幅度就賣掉以落袋為安，通常從低點開始賺三到五成就可以全部出清，這樣的利潤很高了，並且要抱持著絕不戀卷，不貪、不回頭的心態。

這樣一來，一年能賺到之二、三十%其實是很容易的，也是可以達成的目標。如果你每年能夠穩定賺二十%的利得，再遵照複利公式，十七年後肯定就能變成億萬富翁，實現有錢的夢想，過不愁吃穿的生活。

關鍵法則

1股市交易不能頻繁。
2低點買。
3買好股票。
4波段操作。
5賺二十%賣出，絕不貪心。
6遵循億萬富翁的投資公式，徹底執行。

低點買

一支股票的投資價值，完全取決於評估的時間點。

以下十項指標是判斷低點所在的關鍵：

1成交量：

如果每天成交量只有兩、三百億，那便是低點所在。這表示很少人進場買股票，大家都在擔心害怕股市還會再跌，許多人都死心了，這時籌碼是相對穩定，如果成交量暴增到兩千億的話，表示股市過熱，連左右鄰居、菜市場歐巴桑，所有不懂股票的人都進場，這就是個高點了。

熟知股市的人都知道一句名言：「要買股票，必須不貪不怕」，就是在高點的時候不要貪心，盡快把股票賣出以落袋為安，在低點的時候買進不要害怕，放手一搏，絕對有一波漲幅。

因此，成交量低的時候，就是買進的時機，是底部的所在。

2融資餘額：

「融資」指的就是向證金公司借錢買股票，通常上市公司的股票以實際金額的四成買進，上櫃以六成買進，亦即一張股價十元，原本應該用一萬元的資金買現股，換作是融資操作，就只需要四成資金，即四千元就能買一張股價十元的股票。換句話說，借了六成的錢，而這六成的錢是要繳交利息的，約七％。

融資餘額是一個台灣股市漲跌重要的判斷指標，可以看出借錢買股票的人是多是少，通常散戶是融資買進的大戶，股市的融資餘額最高達六千多億，當時的大盤指數約在萬點上下盤旋，融資一多，表示股票都到散戶手中，籌碼相對混亂，此時正是相對高點。而近幾年來股市崩跌時，融資餘額低到只有一千五百多億，像二〇〇二年十月的低點三八四五點，二〇〇一年九月的低點三四一一點，不但成交量創新低，融資餘額也是低得不得了，僅剩一千兩百多億，這些底部區後來都有一波不小的漲幅。

所以當融資餘額很低的時候，就表示籌碼相對安定，股價也處於相對低點，是最好的買近時機。

3股市周轉率

股市周轉率，可以看出股市中短線客所佔比率的多寡，股市的成交量若很低的話，一般而言，周轉率也會偏低，因為大部分人都不敢買股票，此時長線投資的人居多。

台灣股市在熱得發燒時，股市的規模是全世界第十八大，和國家經濟力的排名差不多，而成交量兩千億是全世界的第三大，僅次於美國道瓊和東京股市，但是台灣股市最好的「戰績」是周轉率為全世界第一名，即使指數在低點，周轉率相對其他國家而言還是偏高的。

這說明了什麼呢？這表示台灣很多人都在玩短線，殺進殺出，只賺個一點錢就落跑。打個比方，假使股票買在四十元，下一秒鐘漲到四十二元很多短線客就迫不及待要賣了，這樣玩股票的方法，一方面成本很貴，另一方面不一定賺錢，運氣好四十二元賣掉，運氣不好剛好殺在三十八元。

不過話說回來，**股市成交量低，相對地周轉率也很低，代表短線客很少**，大部分是長線投資客，所以籌碼很安定，只要在低檔盤整夠長的時間，整理夠了，指數自然就會向上衝。

4本益比：

本益比是股價除以每股稅後盈餘，當一支股票每股盈餘為兩元的話，股價越低，本益比越低，則股票越值得買進。

當新聞媒體、分析師和政府都在說本益比很低的時候，那你就可以買進股票，那表示股價被低估了。一張每股盈餘兩元的股票，如果股價只剩十元，本益比五倍，表示投資一張股票的報酬率是二十％，當然要買進。

台灣兩大科技龍頭台積電和聯電，本益比最高時都有四、五十倍，那時候台積電股價兩百元，聯電一百二十元，在最高點時，很多人仍拚命追。但是現在很多股票本益比只剩五倍、十倍，本益比這麼低，反而是不敢追。現在銀行存款利率可是才一・五％而已，只要買到低點，光是賺這支股票的股息和股利，一年報酬就超過十％，有一千萬就賺一百萬，這報酬是好得不得了。

本益比低是個買股票的好時機，哪天本益比又狂飆到三、四十倍，散戶才開始大買特買，以為股市又要大漲，其實那時候股市才要跌呢？

5技術指標：

技術指標可能對很多散戶而言是個「一個頭兩個大」的事情，但它的確是可以參考的統計數據，關於技術面的知識，在各種理財網站、書籍、報章雜誌都可以看到，其中包括ＫＤ、ＲＳ１、ＭＡＣＤ、威廉指標（ＷＲ％）和乖離率（ＢＩＡＳ％）等，而每種指標都有其特殊意義，可作為判斷股市漲跌的參考。比如說技術指標裡面的乖離率，乖離如果在八十以上是股市過熱，二十以下則是過冷，因此，**技術指標透露了買進時機**。

6國安基金：

每次一到低點時，就會有一股「國安基金要不要進場護盤」的聲音，當有這種聲音的時候，通常顯示股市現在是極低的底部，**要求護盤的聲音越大，那麼低點可就越低**。

我們可以說，跟著政府基金買股票，幾乎是穩賺不賠的保證。為什麼呢？股市穩定基金（又稱國安基金）是台灣有史以來最大規模干預股市的機制，成立原因是民國八十四到八十五年間因中國大陸在福建地區集結軍力，進行大規模演習，武力攻台說甚囂塵上，造成股市一蹶不振，政府為了降低中國大陸文攻武嚇對台灣的影響，宣布由公民營法人機構投入約兩千億元，成立股市穩定基金進場護盤。

四大基金之所以很會賺錢，關鍵就是每一次都買在低點，每一次都是股市過渡崩跌，投資人遍地哀嚎，融資斷頭齊飛，所有輿論一面倒地要求政府護盤時才大量進場。民國七十八、七十九年證所稅事件、黨派政爭，近年中共打飛彈，民國八十七年的亞洲金融風暴等，都是嚴重超跌之後，國安基金進場捍衛，拉拔信心，每一次都大獲全勝。

民國八十九年前七月股票報酬率

基金名稱	年報酬率
退撫基金	33.7%
勞退基金	24%
勞保基金	20.39%
郵政儲金	11.5%

7政府動作不斷：

當股票跌跌不休時，政府官員、立委等會有不少捍衛股市的人出來撻伐或喊話，你可能會看到新聞報導說：某某官員批評政府沒有拚經濟，除了要求政府基金護盤，還會要求降息、縮小跌幅為百分之三點五、降低融資借貸成數、提高融券放空成數，最糟的時候還會考慮停徵證交稅，**這時候政府每項保護股市的措施，都是為了提升股市的買氣，這都表示股市的絕佳低點即將來臨。**

這邊還可以從證期會在放行基金募集比重來觀察，放行基金募集的比重越高，表示股市實在太冷了，完全沒有人氣，就是判斷低點的指標之一，亦即證期會放行基金募集資金的速度越快，股市就越沒人敢進場，就是低點所在。

關鍵法則：

跟著政府基金買進有幾項重點：

1政府都在買低點。
2都買績優股。
3會短套一段時間，一定要有耐性。
4財團、銀行團配合進場都會大賺。

8媒體壞消息不斷

比方說景氣對策信號分數為紅燈，全球股市大跌，後市看壞，企業營收不如預期，經濟還會更差，失業率節節攀升，倒店關門的企業一大堆等等的壞消息，讓大家害怕又恐懼。或者報導股市成交量創新低，大盤指數創近月來或近年來新低，融資餘額創新低等，**一連串的壞消息導致股市跌得更慘，這時候反而更要繼續佈局**。

9重大事件發生

重大事件一發生，股市有最靈敏的反應，比如說民國七十九年的解嚴，政治上的不安定，美國九一一事件、台灣七二一大停電，九二一大地震，和近日的美國攻打伊拉克，SARS傳染病等天災人禍，**這些重大事件都會把股市硬生生的打到最低點，進入超跌狀態**。這種非理性下跌並不會反應股票的基本面，也不會反應經濟的未來趨勢，只是短線上的瘋狂砍殺，而殺股票的人多半是散戶。特別是體質好的公司也會亂跌一通，這時候你就等著撿便宜吧。

10股市波段

股市是有漲跌循環的，這從技術線型能看得一清二楚，沒有永遠漲的股票，也沒有永遠跌的股票（除非公司倒了），不然股票都會是漲到一定高點，再下跌重新洗盤，將混亂的籌碼趕出去。或者，跌到一定的低點，等到籌碼安定以後，再往上攻。而台灣的散戶總是會「套在最高點，殺在最低點」。

通常台灣股市一年的大盤指數，上下震盪區間在二五〇〇點到三〇〇〇點之間。

從各項指標來看，低點不是沒有道理的，因此抓低點並不難啊，我不敢說有絕對低點，但是股票在相對低點的時候你就應該要買進，才會真正的賺錢，千萬不要殺進殺出，買高賣低。

關鍵法則

判斷買低點的指標

1成交量創新低。
2融資餘額大幅減少。
3股市周轉率低。
4本益比十倍以下。
5技術指標處於低檔。
6國安基金進場護盤。
7政府護盤動作不斷。
8媒體壞消息不斷。
9重大事件發生。
10觀察股市循環波段。

買低點的原則
1分批買進。
2設定停利點。

買好股票

買好股票要修兩門功課，選有獲利空間和有成長性的公司，以及作基本面的健康檢查。

1小型成長股才有差價空間

接下來，什麼是好股票呢？不見得是「老字號」的公司，如中華汽車、遠紡、中華電信等，或是「規模很大」的公司，如台積電、中鋼等，以及某個產業的龍頭公司，如台塑、台泥或國壽才是好股票，因為這些規模很大，老字號的公司，基本上，**股本（即資本額，一家公司所擁有的股份總額）越大，要有大幅度的波動是很難的**，股本很大的公司如台積電股本近二千億，中鋼股本約九百億，國壽八百億，台塑股本約四百五十億，遠紡股本約三百億，這些數百億資本額的公司，股價波動空間多半很小。

為什麼股本越大，股價波動越小？

一般而言，「規模大又老字號」的公司，多半是年資久，導致長期的增資，造成股本增大。加上公司規模大，成長性已經趨於穩定，相對地，股價狂飆的機會或利潤就會減少。因此，股本大的股票就好像螞蟻在搬大象一樣，大象（股本）越大，所需要的螞蟻（資金）也就越多，但是，哪裡來這麼多螞蟻（資金）呢？試想要拉一支台積電漲停板要花多少錢，台積電股本近兩千億，若在外流通的籌碼為四十％，亦即約有八百億的股本在外流通，股價為五十元，即約四千億資金在外流通，漲停板一支七％，意味著拉一支漲停要花二百八十億，這是很嚇人的，股市行情不好時，成交量也不過兩、三百億而已啊。

如果一家公司股本只有五億，那麼拉漲停就變得非常簡單，比如這家股本五億的公司所流出的籌碼是四成，那麼大概就有兩億籌碼在外流通，股價若是三十元，大約六億的資金在外流動，一天漲停百分之七的幅度，大概只需要花四千二百萬就可以把股票「鎖死」，加上幾家投信和公司派一起鎖單，每一家只要分擔很少的資金。

所以散戶會發現，有時候大盤指數沒什麼漲，有代表性的好公司也沒什麼動，但是很多股本五到幾億不等的小型成長股都天天漲停板。

比起像大象一樣跑不遠的公司，了不起十元的價值，買這種小型股本的「好」股票，才有賺錢的差價，經常一次漲幅就有三、五成。股本小，才能跑得快又跑得遠，但是小型成長股可不能隨便亂買，**一家好的「小型」公司，他的獲利性和成長性同時也要被看好才行**，即是「基本面」要好，如此一來，才有更多的人願意追價買進。

2有成長性的公司

除了買股本小的股票，還要買產業具有未來成長性的股票，如高科技產業，比如視訊會議的相關影音設備、小型液晶螢幕等或者是生化科技。

另外，誰說傳統產業就一定沒有成長性？為什麼台灣沒辦法長期養得起一種職業運動，創造經濟價值，原因就是市場只在台灣本地，而不是全球性的，傳統產業也是一樣的道理，若是只做內需市場，台灣最多不過兩千多萬的人口，哪能有高額獲利呢？世界上數一數二的大公司如可口可樂、NIKE、諾基亞、SONY都是國際性的廠牌，因此企業要走就要走全球市場的路線，投資股票就要找其公司是國際性的，能出口也能進口，即便做的產品非高科技，很冷門，也有不錯的獲利空間。

關鍵法則：
不迷信明星產業，投資國際化的公司，即使產品冷門也很賺錢。

台灣其實有很多做外銷的國際性公司，做得有聲有色，比如說上市公司「關中」，做得東西可冷門了，既不是明星產業，也不是高科技，而是戶外烤肉架和瓦斯爐，歐美的西方先進國家都很注重戶外休閒，而關中就靠著這項「冷門」產品，成為全世界做烤肉架最大的公司，在台灣的股價一上市就有兩百元左右的價值，每年股息股利平均起來有十元，而它的股本不過才五億，像這樣的公司就兼具成長性、國際性。

與關中同樣的公司，還有正峰，做園藝器材，也是很冷僻的產業，但也是全世界園藝器材出口最大的公司。幫ＮＩＫＥ等名牌球鞋代工的寶成，作牛仔布的年興紡織，做的都是全球市場，每年都有穩定的營收，誰說買股票一定要買高科技才好，傳統產業裡有很多「寶物」只是大家都不去注意罷了，這些都是有穩定獲利又會飆漲的好股票，端看你有沒有下功夫去研究。

股票健康檢查

股票健康檢查要從基本面、財務報表和董監事持股狀況來觀察和分析。

有些上市公司並不是認真在經營本業，而是大玩金錢遊戲，前面我們提到不少內幕，大股東倒貨加掏空，公司派、投信法人一起搞鬼，現在我們就來看財務報表如何乾坤大挪移，讓帳面數字漂漂亮亮，一般投資人根本無法從這些數字中發現陷阱：

關鍵法則

公司基本面的訊息，可從公司的公開說明書，主管機關以及報章雜誌等媒體上獲得，而現在很多理財網站、證券公司也都有相關資料。

一、基本面資訊

根據我提到的年輪理論，資訊不對稱的問題，就是要告訴一般投資人，資訊是非常重要的，一個聰明理性的投資人，一定要事先蒐集所要買的股票之相關訊息，特別是這家公司關於基本面的資訊：

1產品供應情況及銷路？

2產業環境的概況，是否有未來性、成長性？

3在同行中是否有競爭力，與之競爭的企業多不多？

4企業是否具有領導地位？

5市場佔有率有多少？

6公司形象佳不佳，是否有什麼弊案？

7經營團隊的實力如何？

除此之外，基本面還可以將焦點放在一些數字上的資訊，包括：

1每股盈餘：

是指普通股在某特定時間內（某月、某季或某年）每股所獲取的報酬，其中還包括稅前每股盈餘和稅後每股盈餘，看每股稅後盈餘較能反應出公司的營收狀況。

要如何用每股盈餘看某家公司的營收狀況呢？

⑴比較兩家公司：A和B公司股價都是三十元，A公司某年度每股稅後盈餘一・五元，

B公司某年度每股稅後盈餘〇・一元，那看起來是A公司比B公司值得投資。

⑵與同期間來比較：例如今年度比去年度，今年第三季比去年第三季，今年一月比去年的一月。比如前面所提到的A公司，去年度每股稅後盈餘是一元，今年度則是一・五元，表示這家公司獲利成長五十％。

2盈餘收益與本益比：

每股盈餘除以股票市價，等於股票的報酬率，稱之為ROE（股票權益報酬率），相反地，股票市價除以每股盈餘，就是某張股票的本益比。A公司每股三十元，每股稅後盈餘一・五元，則報酬率為五％，本益比為二十倍。報酬率越高越好，而一支股票的本益比越低越好。

一般而言，報酬率為五％，就表示買一張股票得到的報酬率為五％，相對於較低的銀行存款利率一・五％來講，算是不錯的了。當然，本益比很低的話，報酬率也越高了。

3股利發放率：

指每股股利佔每股盈餘的比例，假如股利發放比率越大，表示投資股票的利潤會越高。不過投資人在獲取這些數字資料時，一定要再三確認其真實性，即使數字會說話，但也有可能說的是謊話，任何媒體、法人或業者公布的數據，都要小心研判。

二、財務報表看透透

除了基本面，還要瞭解一家公司財務結構是否健康，財務報表就如同企業的成績單，也可視為企業的體檢表，由分析財務報表的過程當中，可以瞭解到企業的償債能力、獲利能力、成長能力、資金流向等，還能判斷企業總體的營運績效，所以瞭解財務報表數字所代表的意義，對於投資人而言是非常重要的訊息。

關鍵法則：

上市公司財務報表的取得，最直接的方法是向台灣證券交易所索取「公司年報」或「公開說明書」，其中的內容包括公司簡介、組織系統等基本資訊。有關財務資料，則包括前三年度會計師簽證的財務報表及附註說明，並附有會計師審查意見，前五年的財務分析資料，近三年每股市價、淨值、盈餘及股利等。

此外，很多財經網站和證券公司也都提供比較簡易的財務報表供投資人查詢。

一般而言，要看財務報表，必須留意：

1損益表

2資產負債表

3現金流量表

以福懋油脂為例，來觀察一下這家公司的財報：

福懋油脂 86 年第四季及 87 年全年資產負債季報簡表

會計科目名稱	86年第四季		87年第一季		87年第二季		87年第三季		87年第四季	
資產總額	3576398	100	3490501	100	4196303	100	4283238	100	3544689	100
負載總額	1473282	41.19	1375698	39.41	2104411	50.15	2210895	51.62	1499255	42.3
股本	1613886	45.13	1613886	42.64	1780317	42.43	1780318	41.56	1995418	56.29
長期投資	392280	10.97	443642	12.71	541968	12.92	598632	13.98	446638	12.6
保留盈餘	201583	5.64	213270	6.11	101676	2.42	82141	1.92	-478149	-13.49

資料來源：台灣證券交易所（單位：千元）

福懋油脂 86 年第四季及 87 年全年損益簡表

會計科目名稱	86年第四季		87年第一季		87年第二季		87年第三季		87年第四季	
營業收入	4412715	100	1116789	100	2284916	100	3375709	100	4400568	100
營業成本	4054144	91.87	1033019	92.5	2125672	93.03	3148677	93.27	4098976	93.15
營業外收入	107422	2.43	20451	1.83	48039	2.10	67099	1.99	35935	0.82
營業外支出	83919	1.90	19963	1.79	86097	3.77	128423	3.80	625217	14.21
投資損失	0	0.00	NA	NA	26978	1.18	40702	1.21	506670	11. 51
本期淨利	113925	2.58	11687	1.05	-9109	-0.40	-28588	-0.85	-588878	-13.38

資料來源：台灣證券交易所（單位：千元）

我們可以從這兩張表看出一點端倪，像在八十六年第四季的長期投資約三億九千多萬元，到了八十七年第一季增加為四億四千多萬，第二季變成五億四千多萬，第三季變成近六億元，而營業外投資損失則突然從八十六年第四季的零損失變成逐季虧損越來越多，而淨利當然就從正數變成負數。

當然我們事後看看這些出事公司的財報有點反因為果的味道，而且財報項目複雜，又通常掩蓋著可能的虧損數字，而因不同因素，觀察財報的項目又不一樣，這裡的圖表是用簡單且易見的項目和數字來表示，一般投資人實在很難事先嗅出陷阱的氣息，但財務報表還是投資股票的重要資訊，因為數字會說話是不變的道理。

除了資產負債表、損益表，在財報中還包含另一個重要的數據，就是現金流量表，**現金流量表顧名思義，是提供一家企業在某特定期間內現金流入或流出的資訊**，如果企業的資金流動正常，企業整體活動也可以順利運作，反之，如果企業資金調度失常，挖東牆補西牆，企業生產力一定大打折扣，嚴重時可能面臨倒閉的狀況。

投資人在使用現金流量表作分析的時候，最好取得三年度以上的報表，因為企業各種重大投資及融資活動，通常會跨越多個年度，否則只憑一、兩年的報表，可能會陷入以偏蓋全的陷阱中。

三、董監事持股是否有問題？

董監事持股過低，對公司絕對沒啥好處，象徵連大股東都對公司缺乏信心，也沒有能力

回補股票。說白一點，一旦公司發生不測時，持股不足或全拿去抵押的董監事「落跑」的機會大增。

如果一家企業董監事持股質押比例是〇%，像台積電、華碩、威盛電子，就可凸顯企業的經營風格和績優形象，是重本業經營的老闆。而質押比高的公司，就是裡面有學問的，聰明的投資人，哪一種容易出問題呢？

由下表可知，如果上市公司老闆，他的股票全拿去銀行抵押借錢，那恐怕不是什麼好消息。董監事持股質押比例越高者，更隱含財務可能出現危機，是「地雷股」的高危險群，以上市公司為例，股票遭暫停交意的宏福建設，持股質押比曾高達九九・九九%，意味著董監事的股票幾乎全部質押給銀行。

董監事及監察人持股質押比例超過80%一覽表(民國89年10月)

90%						
	中國人造	99.99	大魯閣	99.90	楊鐵工廠	99.74
	寶祥實業	99.70	華國飯店	99.49	宏總建設	99.27
	林三號國	98.95	長谷建設	97.68	台東區中	96.96
	潤泰紡織	96.85	寶成建設	96.06	美式家具	95.47
	亞洲聚合	95.32	中國人壽	95.07	台達化學	94.33
	民興國際	94.28	台灣櫻花	91.58	達欣工程	90.34
	東和紡織	90.28				
80%	台灣工礦	89.94	長億實業	88.48	名佳力利	88.14
	優美股份	87.85	三富汽車	87.26	久津實業	86.92
	建台水泥	86.22	昱成聯合	85.49	台灣農林	85.43
	裕豐國際	85.04	嘉新畜產	84.89	東雲股份	83.13
	得力實業	81.86	燁輝企業	81.08	匯僑股份	80.87
	威致鋼鐵	80.77	彥武企業	80.13	幸福水泥	80.10

（資料來源：證券暨期貨管理基金會）

除了高質押外，董監事持股不足也是財務健康檢查必須注意的一環，這些公司都隱含經營階層已缺乏永續經營的態度，要不然不會寧願被每月罰款，也不補足持股、董監持股不足，處分很輕，每個月才罰二至六萬元之間，根本起不了嚇阻作用。

很多上市公司董監持股比率偏低，主要因為股票上市上櫃之後，一再找機會大量賣出持股，從中獲取鉅額利益之後，卻不願回補股票，仍可逍遙自在的擔任董監事，既可坐享優厚的分紅酬勞，也能趁機利用內部第一手消息操作股票。

董監持股比例過低，並不代表無法左右公司經營大權，因為公司決策是否妥當，一般投資人不可能過問，若是舉行股東大會，董監事也可以透過購買委託書的方式，保住經營權及通過各項議案。因此，董監事持股不足或股票高質押者，掌控公司經營權，極易進行非法和內線交易，投資人要非常小心。買股票，避險很重要，千萬不要踩到地雷。

關鍵法則

證期會每個月都會公布股票質押設定超過五成以及持股不足的上市公司名單，投資人可以定期追蹤，報章雜誌也會刊登，如果沒登或錯過了，也可以上財經網站查詢。

上市公司董監不足一覽表（民國89年10月）

公司名稱	不足股數(單位:股)
益華股份	12,258,465
順大裕	805,711
普大興業	4,157,916
裕豐國際	3,415,112
楊鐵工廠	3,158,966
凱聚股份	17,024,000
友力工業	12,341,771
亞瑟科技	249,176
國豐興業	18,458,591
錸德科技	3,011,585
長億實業	1,601,036
中國貨櫃	450,796

波段操作

「隨便買、隨時買、不要賣」是投資股票的錯誤觀念，一定要改正。

從前是「錢滾錢」的時代，有人提出買股票的策略是「隨便買、隨時買、不要賣」，這句名言被數以萬計的投資人奉為圭臬，奉為聖經，但執行起來，恐怕不易賺錢。

能「隨時買」嗎？很多人在民國七十九年買到一萬兩千點的最高峰，當時幾百元的股票現在都只剩兩元、三元甚至一毛二，龍頭股國泰人壽最高還狂飆到一千元，號稱科技股王聯發科狂飆的時候最高點都還只是七百多元而略遜一籌，然而國壽股票現在只剩五十元左右，當然不能隨時買。

「隨便買」更不可能，現在地雷股滿天飛，不是惡性倒閉就是被掏空，再來就莫名其妙一路狂瀉，老闆跑路，散戶又沒辦法知道，有的變成壁紙都還嫌醜。

「不要賣」，如果剛好買在高點，沒有及時停損被深深套牢也就算了，最糟的是你剛好買在低點，賺了也不賣，最後反而被套，比方說台積電買在七十元，後來漲到兩百元，股票賺了快三倍還不獲利了結，最後股價又回到五十元，那豈不是等於沒賺到？還要忍受被套牢的痛苦，這種打死不賣的方式，對嗎？

關於那種誤導大眾的言論，一定要摒棄，我認為股票要掌握三個重點就是：「低點買，買好股票，波段操作」，謹記這三點，投資股票才能真正賺到錢。

在股市很難再有高點時，想要賺股市的錢很難，這種情況很像台灣現在的房地產，供給大於需求，股票籌碼大於資金，要把股市往上炒實在不容易，加上景氣不佳，人人口袋空空，該怎麼投資獲利呢？過去的股票市場是個多頭市場，只要有利多，所有股票都會漲，現在股市處於空頭市場，會狂漲的只有少數，會狂跌的倒是多如牛毛，為了能夠安全地獲利，波段操作很重要。

在台灣，很多人常常一邊工作，一邊看電視即時盤，或者上網看股票即時報價，一下子打電話這個買五張，那個又賣三張，這種人肯定不會賺錢，未來也不會有錢的，每天買個三、五張，工作又不專心，不但本業沒搞好，投資也不會賺到錢。

因此，**投資股票一定要波段操作，不能殺進殺出，設定停利點約二十％**，不要貪心，賣掉就不要留戀，這個錢就會乖乖的進你的口袋。

此外，**投資時，不要將所有可用來買股票的金錢全部買完，應該要預留一部分，作為追加買進的本錢**。這叫「分批買進」，以分散風險，把資金先分成十等份，假如你有一百萬，那麼就在股市跌落低點以後，如四三〇〇點、四二〇〇點、四一〇〇點、四〇〇〇點各買十萬，等到了四〇〇〇點不跌了，那也沒關係，至少已經買了四十萬，只要股票開始向上漲，設定三成到五成的停利點，四十萬至少也賺了十二到二十萬左右，一百萬的資金就得到了百分之十以上的報酬率。

大抵來說，台灣股市一波漲跌大循環約三千點，時間約六個月到一年，比方說二〇〇一年十月的三千點就漲到二〇〇二年四月的六千點，同樣的道理，每支股票的漲跌也都有其高低循環特性，在學理上稱為「股性」，比如有些股票總是破不了二十元價錢，上漲也不會超過五十元，經驗一多，你就知道這張股票的高點和低點在哪裡了。

4 基金可以買嗎？

多樣化是無知者的保護傘，對於那些清楚自己應該怎麼做的人而言，沒有多少意義。

美國投資之神　巴菲特

基金制度限制多

買基金基本上也要遵循股市操作原則，才不至於被不合理的限制給剝削。

基金可不可以買？原則上我的結論是不可以買的，為什麼這麼說呢？基金的一個最大優點當然是由一個專業的經理人來幫你投資和操作，可是，當一個能「放手」自由操作又發揮實力的基金經理人很難，因為基金實在有太多不合理的限制。

基金的限制到底有哪些呢？

第一，如果一家投信公司的基金募集到十億元，**政府會規定基金持股比例不能低於七十%**，也就是說，當你判斷股票市場後市不佳，要走空頭的時候，想要賣股票還不能全部賣光，即使要賣股票，最低還必須持有七十%，這麼一來，基金經理人如果頗有投資實力，但是明知道股票會從一萬點跌落五千點，還只能賣三十%，意味著若基金經理人掌握十億資金，空頭市場來了竟然還留有七億的股票在手上，這就好像強迫「套牢」一樣，那怎麼會不賠呢？

第二，不能賣已經很慘了，政府又規定基金經理人**不能把全部的資金投入**，投入資金比例最多九十五%。

這種設計可是比散戶自己買股票還可憐，想想散戶在股市看多的時候，不但可以想買多少股票就買多少，還可以用四成融資來買股票，可是投信法人可不行這麼做，即使知道股票將要大漲也只能用現股買賣，即頂多用手中的現金來投入股市。投資股票時還要綁手綁腳，不想買時還得持股七成，想買時最高也只能進場九成五，換句話說，假使有十億資金，本來就一定要持股七億，其實經理人只剩下約三億的資金可以進場投資或加碼買進而已。

第三，就是**不能做融資和融券**，融資是一張股票你只要用四成的資金去買它（上櫃六成），這樣一算，一支募集十億的資金，至少可以買到價值二十億的股票，如果基金經理人有本事，投資效益自然會倍數增加。

那融券又是什麼？就是可以去放空一支股票，空頭市場來臨，一張股價兩百元的股票，投資人如果判斷股價被高估，即「超漲」，就可以先在兩百元出脫，然後等到這支股票跌到一百五十元，再買回來，融券回補，就可以賺五萬元的價差。

第四，比方說基金經理人很看好台積電這支股票，但卻不能把大部分的錢都拿來買台積電，由於政府希望共同基金能把投資分散，**因此規定一支股票，只能買所有資金的七%**，亦即十億元只能買多少？頂多七千萬。樂觀一點來看，要是基金經理人只看好十支股票，每一支若都是買進七千萬，那麼總共就已經投入七成資金，可是最後剩三成資金要買什麼？總不能買不被看好的股票吧！

第五，就是當股市跌得很慘的時候，人人看壞後市，公司派、自營商、外資、散戶沒人想進場投資，但是**政府又不管三七二十一要求共同基金大量買進**，這時候，政府會施壓力「逼」基金進場買股票。

一家投信所要募的基金全部被政府掌控著，假使某家投信不照政府的話做，則計畫募一個被看好的生化科技基金，證管就會說：「你這傢伙，以前都不配合，不准募！」那麼這家投信就會很慘，不但募集資金很難通過，公司規模也很難擴大，規模不能擴大就沒辦法賺錢，換句話說，每一家投信的生死都掌握在政府的手裡。

既然是這樣，基金經理人哪敢不從？政府說一是一，說二是二，投信只好聽政府的話，按著遊戲規則來辦事，即使看壞股市，政府叫進叫出也只好照做，看壞叫你住套房，看好的時候，政府為了想要降溫股市，也會叫你別賺了。

持股設限，買股設限，不能作資券，還要看政府臉色辦事，這就是共同基金在制度上設計對投資人很不公平的地方，如果你的辛苦錢放入基金，你說能賺嗎？

要買基金怎麼選？

基金收的管理費、手續費不會比買賣股票來得少。

除了基金制度設計不利於投資人之外，共同基金還賺投資人兩種錢，一種是收手續費，目前國內的基金手續費率多半為一・五%至二%不等，有的在定時定額扣款或單筆申購時就先把手續費扣掉，有的是贖回時收取，最低〇・八%的手續費優惠還得投資超過五百萬到一千萬以上，現在定存利率也不過一・五%而已，若一筆基金募集成功，它賺的手續費都比定存還多。而國外的基金手續費更貴，大概三%至五%，每一家投信規定都不一樣，但是這樣高額的投資成本，累積起來，真的是滿嚇人的。再來就是收管理費，就是基金在每年或每月固定從總資產裡面扣除一定的管理費用，目前的管理費率大部分是每年計算一次，以投資額的二・五%至三%來計算，另外，每年基金稅前淨利還要提撥二十%左右作為投信公司的紅利。只要一家公司募集到五十億的資金，差不多就穩賺不賠，什麼固定支出、變動支出都花光光了也沒關係。投信公司只要靠高額的手續費和管理費，就可以賺得飽飽的，能賺得還不只這些，投信因為吸了龐大的資金，實力雄厚，部分上市上櫃的老闆還會登門拜託買他們公司的股票，因此中間可能還有暗盤，不肖的基金經理人還可以那賺內線的好處。說實在的，在台灣能幫共同基金賺錢的投信不多。

關鍵法則

投信賺錢，共同基金的投資人卻不賺錢，就是因為這些台面上和暗盤的規矩實在讓散戶很難獲利。

那怎麼辦？股票型基金的制度設計不利於投資人，每次申購又要繳上一筆很貴的手續費和管理費，基金賺錢還說得過去，可是看看很多基金的投資人，現在都是住套房，如果你是保守型的投資人，資金有限或者不想把資金一次投入股市太多，那麼買基金應該怎麼選呢？

國內的股票型的基金漲跌隨著股市在走，股市呈現多頭的時候，基金也會上漲，反之亦然，前幾年科技股大好的時候很多基金都賺不少，但是近幾年股市大跌，基金也跟著大賠，很多人在大賺的時候沒賣，股市上萬點放到三、四千點，一百萬剩三十萬的不勝枚舉，因此我鼓勵投資人同樣遵照我所說的方式，「低點買，買好基金，波段操作。」所謂低點的判斷指標，前面我提出了十個關鍵點，買基金也是一樣的道理，當股市在三、四千點盤旋、成交量很小、壞消息不斷的時候，你就可以分批買進，每個月將你薪資的一〇%，投入基金當中，等到獲利率在一五%至二〇%的時候，就先脫手，落袋為安。如此一來，才能達到存錢又投資賺錢的效果，而非存錢反倒賠得一屁股。

再來就是選購好的基金，何謂好的基金？其中一個就是要看過去幾年的平均報酬率，在國外，有過去三十年平均報酬率都在一〇%以上的，很穩定，但是由於國內的基金成立多半不超過十年，最久的頂多十來年，加上基金隨著股市的漲跌，基金設計的制度又不佳，所以能幫投資人長期穩定獲利的並不多。

目前，風險比較低的有平衡型基金和債券型基金，近幾年來，定存利率不斷調降，因此債券型基金的穩定獲利一般是比定存高的。而平衡型基金就是投資股票和債券的基金，平衡型基金能根據股市的好壞來決定資金投資的比重，比起股票型基金無論何時，持股必須七成的規定來說，較為寬鬆，規定只要半年內平均持股七〇%即可，最少可只持股三〇%，亦即基金經理人看壞的時候，能將手上股票賣掉，投入債券，留下三成資金在股票市場，看好的時候，也能投資七成以上，只要維持平均持股比率七〇%。這也就是為什麼股市從上萬點跌落至三、四千點時，很多股票型基金都幾乎跌掉一半，造成五〇%以上的損失，而平衡型基金卻只跌掉二〇至三〇%，債券型基金則小賺了一些。

關鍵法則：

1投資人可以根據自己的需要來選購不同的基金類型。

2還是要把握住「低點買、買好基金和波段操作」的基本投資原則。

3觀察基金過去五到十年每年平均報酬率是否超過十%。

4報酬率的波動性如何，不要說這支基金只有第一年幫你賺二〇％，但是後來每年卻都賠四十％，那麼波動性就太大。所以一定要看報酬率的趨勢線到底有沒有穩定。

5要「查明」基金經理人和研究團隊投資實力夠不夠。

6投資具未來性的產業。

此外，基金經理人的操作績效也很重要。你一定要關心報紙新聞和這位基金經理人的相關訊息，因為一支基金賺不賺錢，絕大部分因素在於其研究團隊和基金經理人，特別是他們投資股票的方法，比如說拜訪上市公司的方法很獨到。我曾經和一個很資深、很厲害的基金經理人一起去拜訪上市公司，而這家上市公司想要騙這位很內行的基金經理人，這家上市公司老闆說：「ㄏㄡˋ，我們最近接單量比以前多了一倍，上個月的產能，都是滿載的。」一般基金經理人聽到老闆這樣講都會認為：那這家公司可以看好啊。可是這位有經驗的基金經理人給這個老闆吃了鱉，反問道：「ㄇㄡˊ你上個月的電費借我看好不好？」經理人心想：如果產能多一倍，那電費至少也要多一倍啊，結果那個老闆馬上支支吾吾地說電費單不見了，我在旁邊暗自竊笑，打從心裡佩服他，一個公司的電費怎麼可能不見嘛。這家公司的伎倆馬上就穿幫了，後來事實證明了這家公司營運也不是很好。

所以，一個好的基金經理人，一定知道投資股票的關鍵在那裡，不會隨便聽信他人，而會自己下專業的判斷，如果這個基金是一個不用大腦的經理人或者是會掛勾胡搞的人在操盤，那這支基金肯定會賠錢的，是絕對不能買。即使你無法查明基金經理人的實力，**最好的方式還是選擇有一支研究團隊的隊伍比較保險**。

再來，就是基金所投資的產業是不是未來的趨勢，如生化科技、醫療保健、電子通訊、媒體整合等，這些標的都將是未來被長線看好的產業。

此外，投信公司本身的信用要好，最好是選大一點的公司，沒有爆發過弊案或內線掛勾事件的。

若你真想要長期投資獲利，有些國外的基金比國內好，投資種類比較豐富，有許多具有未來趨勢性標的可以選擇，國外的基金成立較久，有成立二、三十年的基金，平均報酬率達一〇%，也許前三年賺四十%，後三年賠二十%，但是平均來說是賺錢的，獲利很穩定。國外基金管理制度也較為合理，基金經理人的資歷和資料也都很豐富。很多國內的投信都有代理，而且相關資料都很詳細。

關鍵法則

想買國外基金，可上Micropal的英文網站，蒐集了全世界主要國家的基金，總共數千上萬多支，這個網站上類分的很細，包括醫療、生化科技、黃金、營建、公共事業、電子。其中又區分出成立十年以上、五年的和剛成立的。基金的操盤人都會有張照片，裡面會詳細介紹經理人過去的輝煌事蹟，基金的平均報酬率，資金周轉率以及投資明細都會秀出來，有興趣的投資人不妨上網看看。

基金在胡搞瞎搞？

股票操作有內幕，基金經理人也有A錢的內幕。

一般投資人把錢投入共同基金，主要的想法就是希望有「專家」來替你操盤，幫你賺錢。但根據我多年跑財經新聞的經驗，股票操作有內幕之外，基金經理人也有內幕。

說實在話，有些經理人真是滿專業的，秉持著專業精神在替投資人賺錢，但有些基金人可是會亂搞的。舉個例子來說，我們常常會看到一些小型股常常漲停板，每天「趴趴趴」就一路漲上去，但投資人買不到，看得到卻吃不到，這通常是有內幕的，表示背後有人在玩這支股票。

比方說，有一家上市公司和所謂中小型基金的兩位基金經理人三人一起同謀。這兩位基金經理人會和這家公司開個小會，來個協議說：「老闆，我來買你家的股票，讓股票漲，股票一大漲你的身價也就會跟著漲。但有兩件事你要回饋給我。你要花錢找人頭來我公司買債券型基金或買股票型基金，我鎖單兩億，那你得幫我買兩億的共同基金，使這支共同基金在市場上看起來很熱銷。」老闆樂得有人幫他炒作，基金經理人也乘機募集更多的錢。

其中基金經理人會先講好，這家公司股本五億，釋放出的籌碼兩億，若股價三十元，那麼總共就有六億資金在外面流通，散戶可能持有一億，剩下的呢？兩個人就約好從三十元開始買，你鎖單兩億，我鎖單兩億，在買股票的時候，同時不斷向外放好消息，直到鎖十支漲停板為止，這時候投資人只能眼睜睜的看這支「活跳跳」的股票每天漲漲漲，但是由於鎖單的效應，散戶根本買不到。

還有一種方式，就是給佣金，講好鎖單兩億抽一成，就是兩千萬，一來這家公司賺了十支漲停板還翻了身價，總要吃點紅。二來公司自己資金有限，鎖單勢單力薄，與基金經理人一起鎖單資金規模比較大，股價還可以炒得更高，雙方都有好處拿。

我曾經碰過好幾個基金經理人，有的人年紀比我還小的多，不到四十歲，已經有萬貫家產，他們的職責不是在幫投資人賺錢，而是和公司派合夥，幫人家鎖股票，很多股票常常出現一些莫名其妙的天天漲停，就是經理人的傑作。

通常政府的心態是出了事再說，甚至可能還是分一杯羹的共犯結構。而且就算基金經理人鎖單買了股票，也沒啥證據抓他，因為經理人大可以辯解：「我就是看好這家股票才投資，是經過研究報告和拜訪才買的啊！」或「股票一直飆漲，那麼我跟進有什麼不對呢？」用這種方式拿投資人的錢瞞天過海，所以政府實在也很難抓。

台鳳案就是公司派、基金經理人以及立委不小心「玩」出事情的例子，由於利益糾葛不清而被揪出來，這些人搞出風波才被抓包，老實講，玩了這麼久佣金也抽翻了，可憐的還是賠了投資人的荷包。

某南部立法委員，原來是某信用合作社的理事長，後來成立××投信，同樣是和上市公司亂掛勾，炒股票，後來出了事以後被調查，整個內幕才被掀開來，這家投信倒掉以後就把投資人的錢都賠光了，這就是最典型、最惡劣的基金內幕交易。

除了與公司派亂搞以外，一些基金經理人，還會到處去報明牌，請親朋好友一起來共襄盛舉，好康到相報，有錢大家賺，自己撈到好處，還可以圖利別人，全家就是因為出了他這個股市大ㄎㄚ，全部辭掉工作，在家享清福，每個人的財產都上億。

換句話說，如果你的親友或身邊出了一個操守不太好的基金經理人，那可是一人得道，雞犬升天。

所以，買基金可以，但也要謹慎為之。

基金經理人也會看走眼

道德操守不佳和專業不夠的基金經理人，其操作的基金很難賺錢。

缺乏資產的公司，稱之為空殼公司，也就是把股票全質押出去的董監事，這些空殼董監事，一方面繼續掌握公司決策，進行掏空動作，一方面繼續享有董監事酬勞等優厚待遇，既可以自肥，又沒責任和壓力，可惜絕大多數的小股東並不知道這些可惡的董監事在公司裡亂搞，講難聽一點，是被人賣了，還幫人家數鈔票。

通常來講，上市公司與董監事的關係，建立在一件很重要的事情上，那就是董監事改選，而董監改選行情，是很多投資人想要搭的順風車之一。

如果一家公司平時董監持股並未不足，沒有過份質押行為的存在，那麼董監事改選就不會引起股價太大的波動，公司原本經營者也不會輕易被新團隊代替。但如果平時董監事持股不足，股權十分分散，再碰到改選時，籌碼非常容易遭到有心人士鎖住，這些有心侵入上市公司經營權的市場派人士，鎖定目標，先在集中市場展開佈局的準備，等到市場派在低檔補足持股後，再透過媒體放出消息，吸引投資人跟進，此時股價遭大量籌碼鎖定，加上投資人搶進，股價大漲，公司派如果持股不足，又無力回補，很容易就將經營權拱手讓人，但如果市場派人士打著介入公司經營權的旗幟，目的只為拉抬股價，等到市場主力獲利目標達成，順利出脫持股，股價很可能就出現直線下跌的局面，投資人所搭的董監改選順風車，剛好變成市場派的墊背。

關鍵法則
董監事持股不足或質押比例過高的公司，是判斷地雷股的關鍵。

所謂「借殼上市」，就是持有雄厚資金的市場主力，入主董監事持股不足的空殼公司，姑且不論後來這些集團入主公司的真正目的是什麼，這些公司短期內的漲幅都不太正常，並非公司業績面的提升，如果迷信董監事改選行情，結果可能不太樂觀，就像廣三、新巨群、國豐、漢陽集團都相繼出事，影響公司股價，投資人真的要三思。

舉個真實的例子，有一家營建公司財務上一片混亂可是竟然沒有一個基金經理人發現，而且還不約而同的大量買進，這家公司就是民國八十七年股票暫停交易，爆發鉅款跳票、財務危機的國揚建設，從侯姓負責人在民國八十四年入主國揚建設以後，就開始不斷玩金錢遊戲，後來在民國八十六年借殼上市，那時候很多基金經理人都一致看好國揚建設，說是每股盈餘很高，鼓勵投資人大量買進，可是國揚建設不到一年的時間就垮了，總共虧空了兩百八十七億，這是很恐怖的天文數字。

在國揚建設還沒有出事之前，我心裡就已經覺得事有蹊蹺，心想怎麼搞的，大家一致看好國揚？就把國揚建設所有的財務指標拿出來和體質不錯的冠德建設作比較，總共有十三項指標，當時冠德建設只有一項指標贏它，意思是說國揚建設財務指標看起來比冠德建設還好。

但是借殼上市之後，國揚卻在短時間之內垮了，我實在很好奇，就再一次把兩家公司的財務指標拿出來一項一項比，心理納悶到了極點：為什麼一個十二項指標都比冠德建設好的國揚建設，竟然倒了，於是我就開始仔細研究。我發現國揚建設有幾樣值得爭議的地方：

第一，在一年之間，它的長期投資增加了三十八倍，短期投資增加了二十三倍。什麼叫長期投資呢？其實是一種作帳的方式，就是投資看起來虧損很嚴重的，就把它列為長期投資，一項投資案如果被列為長期投資，意思就是不需要向股東報告投資明細，也不需要提列損失；而短期投資剛好相反，就是可以馬上看得出賺賠的投資案，收益上有的賺，有的小賠，達到損益平衡，這就可以列為短期投資。

國揚建設的長期投資暴增了三十八倍，就表示有很多投資案是下落不明的，有心一點的老闆，就可以把虧損全部列在長期投資掩蓋起來，不給大家知道。加上報喜不報憂，把好消息都列在短期投資上，也就是讓投資人以為這家公司滿賺錢的。

更嚴重的是一年之間長期投資和短期投資資金暴增三十八倍和二十三倍，表明了公司內部並沒有認真投資在本業上，反而是將可用的現金甚至股票拿去抵押，然後用借出來的錢拿去炒作股票。換句話說，這家上市公司早就開始胡搞瞎搞，但卻沒有一個基金經理人發現，反而還大量叫進，難道每一個基金經理人是眼睛瞎了嗎？不會吧，基金經理人要投資一家公司總會看財務結構，這是很重要的事情，不可能會忽略的。而目前國揚建設經過這幾年的調養生息，才慢慢恢復虛弱之氣。

關鍵法則

1長期投資和短期投資暴增，常表示公司資金流向不明，老闆沒有認真經營本業。
2負債比太高的公司，現金不足，表示公司資產都拿去抵押。

第二，當時國揚被借殼上市以後，負債比高達七〇％，換句話說公司幾乎所有資產都拿去抵押借錢，這表示他的負債比很高，能借錢的東西都拿去抵押，如股票、廠房、土地等。他的意圖已經很明顯了，就是想借用這家公司來大撈一筆，可是這些基金經理人竟然都沒有發現，會計師沒有簽註保留意見嗎？公司監察人去了哪裡？董監事都沒有人有異議？可見這些人不是被收買，就是自己人，而基金經理人還用投資人的錢買那麼多的股票，專業都到哪去了？這根本就是一個很大的共犯結構。

這樣離譜的事情，當然沒多久就出了問題，這個台灣數一數二的掏空案，共被掏走國揚建設兩百八十七億，參與的人不是眼睛被蛤仔肉黏到，就是都拿到些什麼好處，令人不恥的是，那些大量敲進股票的「專業」基金經理人都還在市場上幫投資人操盤。

光是這個例子，就可以證明台灣的金錢遊戲玩得是多麼的兇，多麼的大膽，好像無政府一樣，還有多少內幕是大家不知道的，這些內幕都是很多個劊子手的共犯結構，賠的是投資人的錢。後來買國揚建設的投信基金，當國揚的股票變成壁紙從六十元到幾毛都不到時（現在漲回每股五元），當然是由投資人的錢來賠了，比方說一支基金一支股票買了百分之七，基金規模十億，買了七千萬的國揚，就等於把錢全部丟到大海裡不見，基金經理人從中撈了些錢，但是也不用負責，頂多在他的人生閱歷上留下污點而已。

關鍵法則

1錢交給投信公司，如果倒楣碰到操守不佳的基金經理人，那你的錢等於丟到海裡。

2很多上市公司的財務報表都是做出來的，財務報表是過去的資料，資料都可以移來移去，盈餘也是可以做的，只要沒人吭聲。

3營建股的財務報表要以多年的資料來比較。

特別是營建公司在作帳的時候，和一般公司不太一樣，如科技公司多半每季或每月都在出貨，平均出貨量都很平均。但是營建公司一年只有兩次入帳，有的只有一次入帳，它們有所謂的過年假期或端午假期，在此時才會大力推銷賣房，或者是說只在一年當中做兩個工程，而這兩個工程可能一整年都會有支出，而真正有收入的是在推銷案子的時候。因此，營建股的財務報表是很嚇人的，差別很大，比方說今年賣的案子多，每股盈餘就可能達四元，明年只建工程，支出多於收入，可能就會先賠四元，如果一家營建公司每股盈餘達四元，千萬別認為這支股票本益比二十倍，那股價可以飆到八十元，絕對不是這麼簡單看的，有可能今年股價還有二十元，明年股價可能只剩一元，所以，投資人看營建股財務報表更要比較多年的資料，而且不能太相信上市上櫃公司財務報表所包裝出來的假象。

第三部

如何收入飆漲：鄭弘儀賺錢撇步

要做和別人不同的事情，應用財務槓桿的操作原理，錢才會賺進口袋。

如何收入飆漲

- 擁有技巧和技術的專業，是進入門檻的第一步。
- 和大多數人做相同的事情，得到的結果也差不多。
- 收入高低的關鍵在於：你做的事情是否與眾不同。
- 知識經濟是以價值為導向，知識為精髓。
- 後工業社會，資訊是知識經濟中的賺錢利器。
- 財務槓桿源於金錢的運用，現在已被廣泛用於各種精神領域。
- 以錢滾錢之道，最高明的就是用別人的錢來生錢。
- 只要你擁有資訊，你照樣可以致富。
- 看準有潛力的人，就可以大膽地去投資他。
- 一旦決定了，你的行動要越快越好，不要等到有能力的時候才去做。

1 進入門檻

不要去做許多人做過的事，應該往其他不同的方向走才有機會。

石油首富　洛克斐勒

十八歲賺進一億美金

擁有技巧和技術的專業，是進入門檻的第一步。

最近，世界名牌運動鞋廠商ＮＩＫＥ，網羅了一位美國高中生詹姆斯（James），用了一億美金簽下這位籃球天才七年的廣告合約，一億美金可是等於新台幣三十四億元的天文數字，足足可以買下一間台灣股票上市公司了，這位年僅十八歲的小伙子是如何賺進這樣的天文數字？如何獲得世界運動鞋第一品牌ＮＩＫＥ的青睞呢？

答案是這位籃球天才將要在往後的日子，進軍全球矚目的國際職籃——ＮＢＡ打球，ＮＩＫＥ可是看好他驚人的籃球爆發力以及明星魅力，如果ＮＩＫＥ有幸壓對寶，提早將他的合約簽下，對ＮＩＫＥ而言也許反倒省了一筆，而這位小伙子未來將會「錢」途無量，賺進幾百億新台幣也不是什麼問題。

相反地，在台灣打籃球，真是門前冷落車馬稀，球場看台上的觀眾零零落落，有幾百人就偷笑了，不像美國NBA經常場場爆滿，容納上萬人的看台更是可觀，想想幾個最厲害的台灣籃球國手錢薇娟、陳信安等人，連去美國打NBA都沒有被錄取，最好的待遇就是留在台灣打職籃或者當當籃球教練。可見，在台灣打籃球是沒有什麼前途，更不用說賺大錢了。

台灣還有一些世界級的體育成績，但卻是菜市場的拍賣行情，比如曾經流行的保齡球、以及現在流行的撞球，即使打出了「撞球美女」的名號，年收入要上百萬台幣都還是件難事，還有最被看好的世界桌球賽，雖然有選手晉級世界前幾名，但一場獎金卻少得可憐，只有幾千元美金。那麼，台灣人要走體育，該走什麼路線呢？其實棒球還算小有成就，陳金峰、王建民、郭泓志、曹錦輝、張誌家等人都分別在美國、日本打棒球，舉例來說，張誌家打日本職棒，曹錦輝在美國大聯盟，陳金峰則在美國小聯盟，將來也有望進入大聯盟的陣營，而這兩位台灣本土的優秀選手，簽約金就有兩百二十萬美金。

但是棒球還不是最好的，俗稱「小白球」的高爾夫球才是真正「昂貴」的運動，前一陣子風靡世界各地、排名第一的老虎伍茲，目前已經是身價億萬的富豪，而有「女」老虎伍茲的瑞典人索倫斯坦，光是比賽所贏得的獎金就有一千萬美金，折合台幣即三・四億，這些錢對於一般人而言，已經足夠一個人三輩子的花費，而她的收入還不僅止於比賽獎金，還有「驚人的」廣告收入，只要輕鬆穿個衣服打個廣告，她的收入就是一億美金，比賽獎金可還真是小巫見大巫。

因此，想要在體育界赫赫有名，而且能夠賺進億萬的「體育活動」，還是高爾夫球，一方面不用像NBA擠破頭也進不去，因為光是美國的黑人，每年就有上萬人以進NBA為理想，他們認為：只要成為NBA的一員就是輝煌成就的開始；另一方面，技巧性的運動絕對是台灣有限的發展環境中最具潛力的運動，而小白球則是屬於「最高技巧」的運動。

換句話說，**從事體育，看似以「體能」為主的體育項目，其實，「技巧」才是其中獲勝的精髓，技巧是知識的累積，是反覆淬練中所獲得的成果。**正如職籃之神麥可喬丹曾經闡述：「我的成功祕訣，就是在一次又一次的淬練當中獲得更出神入化的球技！」

「高技巧性」的運動另一個優點，就是它不會只有「男性霸權」，女性只要掌握箇中訣竅，也能出類拔萃，其中，南韓高爾夫球女將朴世莉、金美賢、金英恩、金楚籠；日本丸山茂樹；以及台灣魏筠潔、龔怡萍等，這些傑出的女將，不但年紀輕輕就在全世界有一席之地，而且一場職業高爾夫球賽冠軍獎金高達十七萬美金。

體育活動給我們一些啟發，點出了要進入職場的第一步，要贏，要賺得多就是要築一個別人進不去門檻，而且要走對路，走對方向。

關鍵法則

1掌握以技術及技巧為主的行業，而非以勞力、體力的工作，進入的門檻才會高。

2每一個人在設定自己未來的事業時，要認清趨勢，而不是盲目追求那看似美好的產業。

人多的地方不要去

和大多數人做相同的事情，得到的結果也差不多。往人少的地方去，才有更多的機會。

我有幾個電視帶狀節目，每天都要在臉上塗些「油漆」才能錄影（學名叫做粉墨登場），化妝師都覺得奇怪，為什麼我的左眉毛缺一大塊，他們每次都會拿像2B鉛筆的東西把它抹補上去，以免嚇人。

說起缺眉，這就有故事了。民國七十六年，我在台灣新生報當記者，當時台灣的局勢處在一個關鍵的轉捩點，政治即將解嚴，工人到處抗爭，老兵綁著硬紙板，寫著「想家」，看了讓人鼻酸。當時民進黨剛剛崛起，立法院四周的抗暴部隊團與街頭運動頻起衝突，我因為工作的關係，必須支援跑這些新聞，當時年輕，覺得台灣好亂，有一次我又去支援了，遇到一位路透社的記者問我怎麼看這種時代的變動，我說我不知道，就在說完不久，賓果！我中獎了，一顆雞蛋大的石頭狠狠地砸在我的左眉上，當場血流的像水龍頭，後來趕緊就近送台大急診，縫了好多針，國民黨文工會還送來一籃水果，報社見機不可失，硬是拍了照片，上了報，報上的我綁著白色繃帶，標題是：「民進黨闖禍，記者無妄之災。」

這本來是一場小故事，後來人越聚越多，才演變成飛棍走石的暴力相向場面，我的左眉現在才會缺一塊，後來我就學會了一項重要的道理：「**人多的地方，少去**」。

一九八九年五月，我在北京採訪亞洲開發銀行年會，當年那是一件盛事，我們派遣財政部長郭婉容代表出席，當著中共國家主席楊尚昆的面，郭女士雙手抱胸嚴厲地表達亞銀竄改我國會籍名稱的抗議，這是何等大事，海峽兩岸相隔四十年，我們首次派學生部長到中共的國家人民大會堂，和楊尚昆交手。我因為採訪傑出，報社給我一筆不算小的獎金，同時我也在北京留了幾天，當時的大學生正開始集結遊行，要求更多的民主，從我住宿的長城飯店俯瞰街頭，清楚看到學生所拉的紅布條，一股山雨欲來風滿樓的緊張氣氛正在醞釀。

學生領袖吾爾開希、柴玲曾到我飯店的房間聊起學生民主運動，當時的吾爾開希清瘦高俊。後來我回國，學生運動越演越烈，時報派徐宗懋去前線採訪新聞，到了六月四日，學生群聚天安門廣場不散，中共派坦克鎮壓，許多中國學生在槍林彈雨、挨餓受凍中爭取「人權」，轟動全世界，史稱「六四天安門事件」。但是由於中共派兵鎮壓，開槍不甚擊中徐宗懋，他不幸地被不長眼睛的子彈貫穿喉嚨至脊椎，連牙齒都打掉了，差點就一命嗚呼。這又是一次因為人多的地方闖的禍。

人多的地方是很危險的，去逛夜市，如果遇上人擠人的假日，那麼你的錢包可能很容易就被扒走，你的孩子如果不跟緊，一不小心會失蹤，甚至三不五時可能還要擔心有人拿著針筒到處亂刺。

從前我在NEWS98主持「財經起床號」，後來到ET—FM89.3主持「全民拚經濟」，不管那個節目，每天一定會去追蹤股市動態，後來我發現，股市在爆大量的時候，兩、三千億的成交量讓許多散戶誤以為後市可期，號子裡人擠人，人人相信日後肯定漲翻天，但這個時候通常是股市過熱，快要變盤，到了該逃命的時候。因為，如果股市成交量非常大的時候，就是「大戶出場、散戶進場」，你想想：連隔壁的歐巴桑、菜籃族、左右同事、路人甲乙所有不懂的人都已經全部進場，每個人口中都在談論股票，每個人手上都買上幾支，這時候，「快跑」才是你明哲保身、落袋為安的最佳時機。相反地，如果股市成交量很小，小到只有兩、三百億時，大盤雖然看起來要死不活，氣若游絲，不會馬上好起來，但保證不會斷氣，隔一段時間，反而翻身轉好，充滿動能。

一九九九年台灣股市上萬點的時候，當時的成交量都在三千億以上，而且人人大喊「股票上看一萬五千點」、「經濟前景看好」，結果，領軍美國高科技那斯達克（NASDAQ）和道瓊工業（DOWJONES）指數雙雙暴跌，看似風光的「高科技」一路狂瀉，台灣股市也從此一路崩跌至三千多點，可見，人多的地方是危機重重的。

網路泡沫不也是如此，全球最大的入口網站雅虎，最瘋狂的時候，每股貴到達三百美元，許多人還爭相搶購，最差的時候，美金十元也乏人問津。人多的可怕，再一次得到印證。

日本綜合經營企業的總裁中田修說過：「有比別人快半拍的獨創性構想，做別人不做的事和人家不能做的事，才能發展成功。」想要去人多的地方找機會，速度要快，眼光要放遠。

近幾年，台灣曾經流行過無數種熱門行業和產品，但是所得到的結果都不是太理想，許多人住在高科技股「套房」是一例，其他的例子比比皆是，蛋塔的故事也是一樣，當年買蛋塔要排隊，蛋塔店開張一家接一家，好像所有台灣人三餐都在吃蛋塔一樣，說有多好吃就有多好吃，如今，蛋塔現象只是個糗人的名詞罷了，一下子開張又關門大吉的店面多的是。保齡球在台灣也曾經盛行一時，許多自以為看見商機的商人便紛紛大舉投資保齡球館，結果，現在一局不到三十元。

當你與大多數人都在做同樣的事時，那你所得到的結果也是一樣的。當全世界每一個年輕人都在用電腦打鍵盤的時候，每一個人都在追逐高科技工程師的職位，每一個人都嚮往公家機關的鐵飯碗，羨慕銀行行員、醫生的金飯碗時，如果你能換個角度、換個想法，和別人與眾不同，那你成功的機會才會大得多。

簡單的講，就是「去人少的地方」，不湊熱鬧，除了競爭者少，你還可以創造新的方向，而這才是認清趨勢的關鍵，俗話說得好：「不隨波逐流」，雖然只是一句老生常談的話，但其中是深具意義的，唯有眾人皆醉你獨醒的時候，成功的機會才會在你手中。

關鍵法則

1要獲得成功，首先要有逆向思考的眼光，不隨波逐流，不和大多數人做一樣的事。

2去人少的地方找機會，才能創造出特殊的專業，進而建立起自己的事業。

這個世紀，每個人都在打電腦而不提筆寫字，其實換個角度思考，寫毛筆字是可以賺錢的，只要每天練習，有一天就可能會成為現代的王羲之，你的作品會得到青睞，為什麼呢？因為幾乎沒有人在寫毛筆字了。

這就說明了如果你去學很少人學的冷門，即特殊的專業技術或技藝，比如如滿街都是修車廠，如果你會修別人不會修的高級車，譬如法拉利，你會把普通房車改裝年輕人愛的跑車，那麼你在這個社會就具有難以替代的價值。

近年來許多高科技公司的「三高」策略，高配股、高年薪、高福利等措施，吸引了不少年輕人爭相競逐，為的就是在這個領域內能有一席之地，由於不景氣，讓許多公司工廠面臨倒閉，因此不少求職者也轉向薪資相對優渥穩定的公家鐵飯碗，考教育學分、各種證照、銀行行員的更不在少數，這些人為的都是追求一份穩定的職業和安定的生活。

仔細想想，進入這些「大多數人」都在追求的行業那麼好嗎？首先是競爭者眾，要在這些行業中能夠出類拔萃並不是件簡單的事，除非你真正做到了別人不易會的技術，你進入的門檻很高，否則你的替代性就很高。另一方面，即使你獲得了三餐的溫飽，但卻像一部機器一樣每天運作著相同的工作，不再有自己的理想，那麼你永遠也只能靠薪水度日，**因為只有把每一件事情當成事業用「心」來做，而不是職業用「勞力」來做，你才會成功，才會致富。**

賺有錢人的錢

賺有錢人的錢就是人少的地方。

前面提到人多的地方不要去，那麼哪些才算是人少的地方呢？人少的地方有些什麼「好康」的呢？這裡我來舉個非常有用的實例：**那就是去賺有錢人的錢，走有錢人走的層次。**

民國八十四年，台灣汽車的銷售量為一年五十七萬輛，而在去年，即民國九十一年，一年汽車的銷售量只有三十四萬輛，算一算總共少了將近四成，這連帶說明了工廠訂單大幅萎縮了四成。

萎縮四成可是不小的數目，想想有多少人要因此而失業，不只是在這些公司工廠工作的員工們要面臨裁員，其周邊的相關企業如供應板金、烤漆、以及汽車模具的公司相對營收也都會大幅減少，影響是非常巨大的。而為了節省勞力成本，近年來廠商到海外設廠的比率相當高，有的往越南設廠、有的往大陸設廠，更讓失業率不斷向上攀升。

而這些會買車的潛在消費族群都跑哪去了呢？由於投資中國熱，不少企業為了在大陸佔有一席之地，這幾年將近有一百萬人、七萬家廠商去中國投資，其中帶走的不只是這些中小企業的老闆們，還有高階經理人，加上中階主管和員工。七萬家廠商外移大陸，如果每一家公司創造十個失業人，這還意味著在台灣留下近七十萬人的失業勞工。

失業勞工這麼多，有消費能力的族群又外移大陸，難怪台灣汽車的銷售量會一路下滑了。然而，情況倒不盡然都是這麼悲觀，有兩家汽車業者，其營收仍呈現穩步上升，一點也沒有下滑的趨勢，那就是高級房車賓士（**BENZ**）和**BMW**。

這其中隱含一個有趣的現象，即使是不景氣，還是有不少「有錢人」真正根留台灣，有錢人還是不斷地消費，而且消費能力之驚人，看看名牌貨**Tiffany**、**Prada**、**Channel**、**LV**等商品，只要一有新品上市，就只見許多名媛貴族和拜金女郎不惜一切重金也要購買這些高價商品。因為SARS肆虐台灣北部，台北陽明山、天母和新店山上好幾千萬的獨棟透天別墅同樣在短時間內銷售一空，這些有產階級不但消費，而且每一筆消費都非常高檔。

其實，樂觀一點來看，民國七十幾年的外匯存底為八百億美金，而現在是一千八百億美金，只有在民國七十九年曾經因為國民黨的政爭而跑了一百億美金，其餘的時間裡，台灣的外匯存底都沒有大量外流過，由此可見，有錢人都在台灣，而且這些有錢人還有驚人的消費能力。

關鍵法則

1從外匯存底來看，有錢人是根留台灣的，而且看好台灣。
2即使不景氣，有錢人仍在消費，但只買高級品。

說這些似乎對於領薪水度日的上班族而言沒有什麼太大的關係，其實，這當中除了透露出台灣未來前途還不錯之外，還說明了當你想要創業致富時，賺有錢人的錢準不會錯。

有一個定律稱為80／20法則，世界上的財富集中於二十％的人身上，而另外八十％的人是終日為了錢而煩惱的。

有一個財團的老闆，他很想坐勞斯萊斯，他說他一輩子一直很想買這輛車，可是因為企業大家族很重視倫理關係，家族當中還有一個叔姪輩的人都沒有勞斯萊斯可坐，因此他就不好意思買。可是他對勞斯萊斯真的是朝思暮想，於是他只好問其他有錢人的意見，別人就告訴他：「這還不簡單，那你就買兩輛不就得了，一輛送給那位長輩，一輛給自己嘛！反正錢對你來講又不是什麼大問題。」這位勞斯萊斯迷是一語驚醒夢中人，想想還真有道理，就在那長輩生日的時候把這麼豪華昂貴的車送給他當禮物，然後自己也樂得買一輛來享受。

真不知道是該自嘲還是該感嘆，台灣的有錢人有錢到送長輩勞斯萊斯當禮物，勞斯萊斯一輛一千六百萬，兩輛可是要三千兩百萬啊，有的人一輩子還賺不到這樣的錢哩。

因此，作為八十％的薪水階級們，要想辦法去賺有錢人的錢，台灣過去以貧富均等聞名，但近幾年，貧富差距越拉越大，把家庭財富分成十個等級，最有錢的那一即是最窮那一級的六十一倍。

關鍵法則
人少的地方，有錢階級。
人多的地方，中產階級。

一起來算一下吧，開一間現在頗為熱門的十元商店好賺嗎？假設一天生意好時能賣兩百件，一天最多也不過賣兩千元，如果成本為營收的四成，那麼一天風吹日曬也不過才賺一千兩百元。再想一想富豪們都帶孩子去吃的三千元牛肉麵店，成本若算是五成好了，一碗可是就有一千五百元的進帳，一天算算只要能賣上十個有錢人，就有一萬五千元的收入，這可是十元商店的十倍啊！

這樣的例子是非常多的，只要你肯動腦筋，走有錢人的路線，賣有錢人的帳，賺錢其實並不難，在台北農安街有一家專賣「高貴」的日本料理，每一個去吃的人不是開著賓士就是身穿名牌貨，進去一頓兩、三千元是跑不掉的，但每天仍然是高朋滿座，前兩個星期訂位還不見得有位子。一杯九百元的「精煉」咖啡也有人去喝，一客兩千元的魚翅經常有熟客光臨，這些聰明的老闆們，其實骨子裡想要賺得都是有錢人的錢，不景氣對他們而言絲毫是沒有什麼影響。

我曾經走在信義路四段的黃金店面上，看到一家上面貼著廣告看板寫著：好吃便宜又大碗的的滷肉飯！我當時心想，在信義路四段這麼貴的地段，這麼貴的租金成本，竟然賣一碗三十元的滷肉飯，要賺到什麼時候？別忘了信義路四段再過去一點點，就有信義之星的上億豪宅，這些都是巨富，他們不會花不起的。所以，一句流行的話不是沒有道理的：「不是不景氣，只有不爭氣，不怕沒錢賺，只怕不會賺」啊！

關鍵法則
高額消費的營業收入讓盈餘更可觀。

創造獨門的專業

收入高低的關鍵在於：你做的事情是否與眾不同。

有獨門的技術和專業，最重要的就是要築起門檻，築起門檻意味著，第一，你要能有足夠條件跨入某個領域，第二，你一定要有這個領域別人打不開門的那把金鑰匙。

某IC設計A公司有個真實的故事，其中，有四個年輕工程師是該公司研發的高手，公司的命運幾乎都掌握在他們四個手中，A公司擔心他們會跳槽，與敵人聯手來對付自己，於是乎，就在這四個朋友進公司後馬上簽下一條「不太合理」的合約——即不能在兩年內，轉換到相同領域的其他公司或對手的公司工作。

這條合約對這四個朋友而言，看似不合理，卻是福不是禍，只證明了一點，他們的研發技術實在太厲害，連資金雄厚的A公司都怕他們三分，這件事不巧被頭號敵人B公司知道了，B公司更狠，把這四位研發工程師找出來，也簽了另一條合約——即每人給一億，請他們從A公司離職，在家休息兩年，然後到B公司任職。這條合約為什麼讓這四位工程師乖乖就範，原因是高瞻遠矚的B公司為了避免被A公司獨占市場，反而損失慘重，馬上花了台幣四億——讓每人現賺一億元，四位朋友當然樂了，什麼都不用做賺一億還真是好康，於是這條億萬條款就達成了。

能進入門檻才有價值，這個真實故事告訴我們：對某一個專業領域有獨門的功夫，能越過高的門檻，擁有開門的鑰匙，你就等著人家送錢給你。

比如說台積電，蓋一個晶圓廠要四百億台幣，蓋兩個就要八百億台幣，這還不是一般企業可以蓋出來的，表示台積電的資本門檻很高，所以在科技產業才有經濟價值。當然台積電的門檻除了資本，研發、管理都是其嚴格的門檻。

關鍵法則

1進入門檻：專業條件。

2金鑰匙：築起更高的門檻，擁有獨家技術。

經常拿著遙控器轉第四台的我，每次轉到東森購物台，就認為會是以後超強的通路，東森二〇〇三年開始，每月的營收就有將近十五億左右，預估年營業額已經可以突破一百億，東森肯定有十足把握在二〇〇五年達到營業額五百億的目標，而且盈餘可觀，可賺到一百五十億目標，他們憑什麼能賺到這個數字呢？

憑的就是進入了很高的門檻，憑的是手中拿著那把別人沒有的金鑰匙。台灣有線電視包括頻道台和系統台兩種，頻道台指的是專門做節目的電視台，如中天、三立、年代、衛視等播放新聞、娛樂或電影的電視台，其中掌握的是播放的內容。而系統台指的是擁有播放頻道權的業者，包括連結到用戶端的寬頻或窄頻線路。台灣系統台目前由三大龍頭所把持，一個是王家的東森，另一個是辜家的和信，還有木喬，前兩家業者除掌握系統台，手上也有不少頻道台。

而東森在角逐有線電視市場時，憑著雄厚的實力，目前已經在系統台有高度的佔有率，換句話說，國內最大的系統業者已非東森莫屬，因此，東森絕對有實力獨佔全台灣購物台的市場，一旦獨佔，營業額五百億實在不能說是誇大其詞。**因此，不論是企業還是個人，都應該找到自己在經濟市場上的定位和價值，先進入高的門檻，再掌握獨家的經濟價值。**

對於企業而言，經濟市場上的定位和專業價值可以分為很多類，有的是靠知識經濟，如創投就是靠訊息賺錢，出售專業報告是靠知識賺錢。還有規模經濟，像上市公司寶成，除了幫全球品牌ＮＩＫＥ代工之外，還幫很多家廠商代工，它做出自己的規模，成為全球數一數二的運動鞋製造廠。還有一種叫做研發經濟，研發經濟的門檻很高，像輝瑞生產的VIAGRA（威而剛），就是研究醫療用的藥品，無心插柳柳成蔭，原本只是要研究心臟病的藥，結果反倒變成壯陽藥而大賺一筆，全世界還真有很多廠商研發不出來真正能壯陽的藥品，因此研發是一件不容易的事，不要小看研發經濟，門檻是很高的，一個企業要靠研發與人競爭，一定要有很多專業的研發人才，企業本身也要有足夠的知識基礎，外加上研發所需要的高級技術設備和一筆可觀的資金，才有辦法跳到高門檻，過了高門檻之後，還必須找到開門的金鑰匙，找到市場上的利基點，也就是說，賣什麼產品是別人沒有的。

關鍵法則

企業高門檻：研發、知識、技術、資金、形象。

企業金鑰匙：市場利基點、別人沒有的產品或專業的資訊等。

對於個人而言，如果想要進入高的門檻，要擁有獨門的專業，首先就要進到一個專業領域去，在這個領域可以去學習很多不是金錢可以衡量的東西。

比如你是一家會計師事務所的會計師，但卻只是兩、三個人的事務所，跟一位在聯電當財務長的會計師，專業份量就差很多，也許你是個默默無聞的會計師，某年景氣不錯，個案多，年收入比聯電財務長還多，但是，光是以錢來衡量是不會長久的，這叫做結構價值。

不要小看結構價值，其實是很重要的，結構價值就是公司要有魅力和吸引力，對社會而言影響力是大的，你的工作價值是有地位的，所學到的東西是豐富多元的，有權威性的。如果一家公司能聚集一流的人才，每人平均年薪兩、三百萬以上，說出去容易令人信服你的專業，同時你還可以在這個結構內吸收很多的專業知識，認識這個領域的人才，瞭解大格局的企業運作，如果你進入一家小公司，雖然年薪也有兩、三百萬，但是卻少了社會認同的結構價值，也少了更多學習的機會。

所以，我鼓勵初入社會工作的年輕人，一開始到大型的企業或公司工作，第一，你所接觸的格局、眼界鐵定不一樣，第二，你接觸到的人不一樣，第三，你學習到的東西更有所不同，再來，就是當你遞名片出去時，你所受到專業上的信任和尊重的程度會更高，這就是讓自我能跳入更高門檻的訣竅之一。進入門檻以後，再去琢磨自己，在這個領域的磨練出自己的特色和獨門的功夫，而這是別人不可取代的，換句話說，就是一步一步築起你的門檻，讓自己擁有那把金鑰匙，別人也很難跨進來。

關鍵法則

個人高門檻：進入大公司，建立結構價值。

結構價值：讓你格局大、人脈廣、學習多、專業信任度高的地方。

個人金鑰匙：從結構價值中磨練出自己的獨門功夫築起更高的門檻。

不論是企業還是個人，都應該一步一步跨入更高的門檻，不斷地自我成長，並找到自己手中的那把金鑰匙，讓別人不得其門而入。許多失業的人都喜歡去開計程車，卻每天苦哈哈的抱怨賺不到錢，為什麼呢？原因就是人人都可以開計程車，人人都有那把開車的鑰匙，門檻也很低。因此，挖掘企業的市場利基點，個人的獨特價值，掌握別人學不來的獨到功夫，會別人不會的技術，那才是進入門檻，一旦進入更高的門檻，成功與致富就會自動找上門了。

2 把知識變成財富

我們很快見證工業時代的終結。人們很難覺察到資訊時代降臨的曙光，因為這種變化是看不見的。

美國未來學家　富勒博士

知識經濟是趨勢

簡言之，知識經濟就是以後工業社會為主流，是多元化的經濟發展。

「知識經濟」是繼工業社會後的經濟發展趨勢，從農業革命到工業革命，機器取代了人力，標準化的生產成為工業社會的主要模式，由於生產成本大幅降低，代之而起的是企業規模越來越大，同時也造就了一批新興的藍領和白領管理階層。

美國傳播學者班尼傑（Beniger, J. R. 1998）在《控制革命》（Control Revolution）一書中提到，這一世紀的資訊革命為上世紀工業社會大量生產所造成的結果。企業規模日益擴大，傳統由上至下的科層管理體制，已經造成企業成本日益升高的絆腳石，於是乎，電腦化的設備起了莫大的作用，科技和資訊管理逐漸取代了層層上報的公文，讓許多跨國企業和集團，只要透過電腦，就能夠傳達一則重要的訊息這就是「資訊革命」。

關鍵法則

工業社會：科層組織。

後工業社會：資訊管理。

後工業社會，其經濟趨勢就是「知識經濟」，企業最重要的不再是大量生產標準化或規格化的產品，不再是機械和工廠的管理方式，而是如何創造出擁有「特殊性」的產品，如何在管理的模式中歸納出隱含的運作規則，每一件事物的重要性不再是有形的「事物本身」，而是事物本身背後的「意義」，這些無形概念的總結，就是一種資產，就是知識。

關鍵法則

工業經濟：單一有形產品，生產過剩。

知識經濟：多元無形價值，抽象知識。

這樣說起來實在是很抽象，簡單一點來說：經濟的角色從「機器」又回到了「人」的身上，只要腦中有知識，就能把知識轉換成財富。

關鍵法則

工業經濟：機器為主角。

知識經濟：知識為主角。

比方說，統一超商（Seven-Eleven）的營運就是知識經濟的一種，一間十二坪或二十坪的店裡面，擺了三千樣的商品，所有上下貨的過程都非常方便，而運送過程也有保鮮控管，產品從分配到消費的每一個環節，都有一定的作業程序和學問，是知識累積的結果，這說明了以機器生產模式已經不能控制一切。

統一超商原來是美國的招牌，但後來被日本買去了，在日本的總部，就有一本Seven-

Eleven聖經（操作手冊），三千頁的聖經，已經作為每一家Seven-Eleven超商的最高指導守則，這就是知識經濟。

有一年，某大超商的飲料被千面人下毒，某大報向這家超商求證，這家超商擔心引起恐慌，要求報社不要發佈消息，但該報社認為人民有知的權利，最後還是報導了這則新聞，新聞見報後，超商非常氣憤，下令全省超商把該報報系的報紙（包括日報、專業報和晚報）全部下架，使得該報系發行量銳挫，由於事關重大，此事關係到報系的生死存亡，最後逼得報老闆帶著總編輯和記者去向超商老闆道歉才了事。

這件事只說明了：從事「生產」業的如食品、民生用品、報章雜誌都得要看通路商的臉色，掌握銷售的通路，就是當「老大」，得罪老大，你的產品就別想要送到消費者的手中。**這就是知識經濟的一部分，商品的定義不再只是標準化的大量生產，它可能是賣資訊、技術、資本、形象等或是通路，**而這個通路擁有別人難以取代的價值，存在其特殊性，那麼就掌握了知識經濟的精髓。

再舉個例子來說，台積電董事長張忠謀以及高級研發人才所生產的晶圓，就是把生產晶圓的技術知識換成財富，台積電一個月的產量大概是十萬片的晶圓，一年約一百二十萬片，一片晶圓的售價是十五萬台幣，算算台積電一年的產值有一千多億的台幣。

去年（二〇〇二年）桃竹苗缺水，政府規定，有限的水不能拿來種田，而要給新竹科學園區使用，而無法耕種的農田，每公頃補貼七萬元，換句話說，生產一片晶圓可以讓兩公傾的田地休耕，光是台積電一年生產一百二十萬片晶圓，就能讓台灣二百四十萬公頃的田地休耕，這是多麼嚇人的數字，台灣不曉得要生產多少稻米、水果等農產品才能「拚」得上這樣子的財富。

可見，研發是一種經濟，如果能把所研發出來的產品變成別人很難學到的技術和知識，那財富也就隨之而來。

人們買「形象」

在工業時代，大就是好，在資訊時代，無形的東西最好。

我兒子現在就讀高中，每當我們全家一起出遊時，若是中間有些許空檔，恰巧又經過誠品書店，我兒子一定會說：「爸爸，我要去誠品。」我好奇這個開始背負著沈重課業的兒子，每天已經有讀不完的教科書，怎麼還有心情去書店呢？實在令我這個作爸爸的很是訝異，但我又不忍心抹煞他想要去書店逛逛的求知意識，所以每次都會答應他。

一次，當他又開口要求去誠品時，我終於忍不住好奇的問：「兒子，你去誠品都看些什麼書啊？」他也不加思索的回答我：「沒有特別看什麼書。」我更加納悶了，既然沒有特別要找什麼書，為什麼總是愛去書店，於是我又接口：「不看書，那你都去誠品做什麼啊？」兒子眼睛睜得大大的，用充滿自豪的口氣對我說：「因為同學們都去逛誠品啊！」

這讓我想起誠品書店老闆的一段話：「簡單的說，誠品要賣得是從家裡要走到誠品書店的這一段路。就是一種接觸菁英文化的感覺。」原來如此，誠品書店之所以能夠在台灣迅速竄起來，賣點不在於它的主要產品「書」，而是一種文人雅痞和知識豐富的象徵。

看看誠品的裝潢，就彷彿置身一座典雅的殿堂，讓渾身都感染了文人的氣質，微黃的燈光，把每一區陳列的書籍，都照得像是藝術品一樣，誠品選書更是不媚俗，每每都具有深沈的哲學省思。還不只這些，誠品書店多半有咖啡館、高雅的文具和裝飾用品，拿著幾本書，坐在裡面和朋友聊天，菁英品味都因為誠品書店這地方而顯現出來。

這不難想像兒子會因為同儕的影響，而覺得去誠品才有面子，即使只是去裡面逛逛而已。

關於這種以「形象」為賣點的趨勢，就是知識經濟的一部分。工業革命後，各種民生消費用品已經生產過剩，舉凡食衣住行育樂等用品，如果不能在其中創造自己的品牌形象，得到消費者的認同，那麼商品也就只能淹沒在標準化的產品當中，所以，「我要去誠品」是可以賣錢的。

在我的朋友中，有不少人開著豪華房車，當中曾發生很有趣的一件事，話說賓士S三二〇最新款一輛要三百六十一萬，我的朋友為了買這台高級車，殺價殺了很久始終談不攏，最後心裡有些讓步，就告訴那位賣賓士車的業務員：「好吧！乾脆一點，就齊頭價吧！你就少算我一萬，賣我三百六十萬好了。」其實，三百六十一萬只殺價了一萬元，對於我那位朋友而言，已經不是價錢問題，而是「ㄎㄧ ㄇㄡ ㄐㄧ」的問題，畢竟已經談了快兩個月都還沒有成交，殺那一萬塊只剩下心中的「不服氣」罷了，想要買賓士車讓步到這種程度，與商場上毫不屈服的他有著天壤之別。然而，那位不識相的賓士業務員竟然還回答我這位朋友：「沒有殺價空間，現在S三二〇可是大量缺貨！」OH，MY GOD！原來賣高級車的業務員還真沾染了大老闆的霸氣，我這位朋友還是得乖乖交上三百六十一萬。

賓士車有什麼魅力？讓這些金主非買不可，就在於賓士乃身份地位的象徵，當你開著賓士車出門，不論走到哪裡，人們對你可是另眼相看的，這就是商品形象的價值，很多名牌貨受到名媛的喜愛也是同樣的道理。

可口可樂（Coke）這個全世界最值錢的商標，市值兩百多億美金，折合台幣高達七千多億，七千多億有多少？足足可以買下一家台積電了，可口可樂為何能風行全球？因為它販賣著年輕、朝氣、歡樂、氣氛以及美國文化的象徵。

學化工的都知道，化妝品的成分其實大同小異，而且成本極低，一瓶十元成本的美白霜在百貨專櫃卻要賣到上千元，只要找個白晰美女來代言，人們就會相信它有神奇的美白療效。汽車也是一樣，車子是標準化生產的商品，每一台車看上去其實長得都差不多，但有的汽車賣身份地位、有的車賣幸福美滿、有的賣品味、有的賣年輕帥氣、有的標榜女人性格。

「形象」是一種無形的概念，它販賣著如歡樂、氣氛、品味、優雅、健康、幸福、年輕、成熟等，只要產品有特定的品牌形象，抓住了消費者的心，也就抓住了消費者的荷包。

關鍵法則
產品要找出消費者認同的形象，才能刺激購買的欲望。

一份報告一百萬美金

世界上已經出現了有了「智慧」才能「買錢」和「買權」的知識經濟。

諾貝爾經濟學獎得主哈耶克

一份報告一百萬美金，折合台幣就是三千五百萬左右，怎麼有這麼好賺的錢呢？重點就在於知識值錢，未來，台灣已邁向知識經濟的道路，工業革命的時代已經結束，代之而起的是資訊革命，工業社會中標準化的生產已經過去，而無形的資產——知識和資訊才是最具有潛力的事業。

在美國，有一位化學博士一份報告值一百萬美金，他的知識受到企業界的重視，每年，他會針對化工產業作一份產業趨勢分析報告，而這份報告一年只賣給限定的五十位客戶，其客戶可能有政府的產業發展委員會，或化工研究所，也有一些以化工為基礎的企業和公司，像杜邦、保鹼（P&G）等，每一位客戶必須花兩萬美金買這份報告，使得這份報告的總值為一百萬美金。

為什麼所有人都相信這份報告呢？因為美國的社會非常重視專業，相對地，這位博士的專業也受到這些企業主們的肯定，其份量不言而喻，既然同是化工業，當別人有這樣重要的資訊而自己沒有時，當然企業就有購買的意願，而這位博士以量制價，也使他的專業報告如黃金般珍貴，化工公司必須有專業資訊才能掌握未來趨勢，博士也靠著專業知識帶領趨勢，雙方都是靠著知識在累積財富的。

因此，知識就是力量，知識就是金錢，沒有知識，你就永遠摸不著方向。

在台灣的教授們就沒有這麼好命了，他們經常要「免費」撰寫研究報告，即使是國科會有補助，但真正的經費申請下來很多根本連請個工讀生幫忙都很難，到各企業去研究經營策略和分析市場趨勢，這些有用的資訊還要再次「免費」提供給這些自以為是的企業當作是參與研究和訪談的禮物，這些企業並不看重這些專業的學問所可能帶來的潛力，而常常財大氣粗，以權力領導知識，認為權勢和財力可以領導未來，而忘記了「知識才是力量」的道理。

創投賺翻了

後工業社會，資訊是知識經濟中的賺錢利器。

台灣證券商、投信和自營商多半花不少錢養著一批研究員、投資顧問和分析師，這些人主要目的就是蒐集「資訊」，拜訪上市上櫃或未掛牌的公司，分析企業外部的經濟趨勢、發展環境，企業內部的管理走向、產品前景、未來潛力和經營績效等，他們將這些資訊整理成數據和文字，寫成相關的研究報告以評估這家公司的投資價值，這就是靠知識賺錢。

此外，創投公司也做著類似的工作，只不過他們蒐集的是還沒有足夠資金，但確有發展潛力的小公司，然後籌錢來投資，期望三、五年後能上市上櫃賺大錢。

創投是知識經濟的典型，一家創投資金有的只有幾億，多的有一百多億，所用的人很少，甚至有些公司只有三、五十個人，但是卻可以用「賺翻了」來形容，根據台灣創投公會的分析，國內創投公司大約一百八十家，平均資本額只有七億，最大的公司普訊資本額有一百多億，最小的不過才兩億，但卻可以創造出每股盈餘平均高達七元的利潤，每年總投資案數多在五百到一千多家不等，投資總額累計近一千八百多億。像國內的普訊、和通、怡和、和信、漢友等創投公司都賺了很多錢，而他們所用的人才都是知識菁英，請的人雖少但每個人都能創造很高的利潤。

一家創投公司的董事長或總經理，雇用三十個人，這三十個人的學歷碩士以上是基本門檻，同時還要有很資深的經歷，特別是對某個行業很在行，如有人專精於半導體產業、有人對生物科技很有研究，有的對塑化業很拿手，這些人要去哪裡挖呢？假設公司要找一個對半導體很在行的人，就可能會去挖角台積電內部的主管，如研發部或業務部等，然後再去挖花旗銀行的副總來等，挖各行各業的菁英就是要利用他在那個產業裡的人脈關係，去找可行的投資案。就拿半導體產業來說，一位研發部經理一定知道哪一家科技公司現在正在做什麼產品？有沒有潛力？是否可以請大股東或財團出錢投資？同時寫一個評估報告，這個評估報告所有人要一起討論出意見，最後再來下決定是否投資。

或者，是他們當中有一個人發掘了很好的投資案，可是，公司所有的人都不懂這個產業在做什麼，於是就請有電子業背景的研究員去發動他的人脈，問出一個答案，研究到底這家公司值不值得投資。**所以，能進創投公司工作的人第一個必須要掌握專業知識，這知識門檻很高，第二，就是要發動業內的人脈關係。**

如果當大家一致認同某家公司是很有遠景，可以投資的時候，卻缺乏資金或完善的財務規劃，創投就會投資，投資的目的就是輔導這家公司上市上櫃，幫它做整體的營運規劃，比如財務規劃等，並且找證券商當輔導券商，所以創投扮演的角色，是一家有潛力的公司財務、研發和輔導上市的積極性股東，他們看準這家公司幾年以後上市的潛力無窮。

那創投要靠什麼來賺錢，就是買這家公司的股票，比方說某一家公司，創投用了十二元買了一千張股票，花了一千兩百萬，可是這家公司經過擴廠擴建，股本也會增資，從兩千萬開始，下一次增資是四千萬，一直到八千萬，五年後增資到兩億。兩千萬到兩億，股本增加四倍，這當中股價也會漲，五年前一股十二元，若是每股盈餘都有三元，本益比約十七倍，五年後上市時的股價竄升到五十元，十二元的股票變成五十元，成長四倍，股本又增加四倍，財產等於飆漲了十六倍，創投公司當初投入的一千兩百萬，五年後差不多等於兩億，這不是賺翻了嗎？更何況創投也不會只投資一家公司，通常一年內都會投資好幾十家，只要平均一家公司賺了兩億，五家公司就賺十億。台灣有一家創投差不多一百五十億的股本，一年就賺九十億，每股盈餘六元，一家公司三、五十個人，等於每一個人平均賺兩億，這就是知識經濟，靠的是知識和人脈，能創造出的利潤高的嚇人。

所以創投的確是知識經濟的最典型，即使投資十個案子，有八個案子失敗也沒關係，只要有兩個案子成功就可以穿金戴銀了。比如五年前每一家公司都投資了一千兩百萬，十家就一億兩千萬，若是其中有八個案看走眼，等於虧損了九千六百萬，但其餘兩個案子都沒看錯，五年後都賺兩億，總共就賺四億，所以，創投只要有兩成的成功率，就會賺翻了，而這兩成的成功率難嗎？對他們來講真是小ＣＡＳＥ。他們所設定的投資報酬率每年一定要超過三十五％才會投資，換句話說，這一群聰明的人能用很少的資金成本來創造超級高的報酬。

關鍵法則

創投是知識經濟的典型

第一，門鑑很高的專業知識。

第二，豐富的經歷和人脈關係。

第三，最小的成本創造最大的效益。

想想一年報酬率超過三十五%的話，那麼賺錢就太容易了，知識經濟就是有這麼大的本事。在國外也有創投公司，最負盛名的投資公司就是華倫巴菲特的波克夏公司，這家公司員工不多，股票可是排隊也買不到。話說華倫巴菲特剛開始買下這個公司時，其實只是個搖搖欲墜的製造業，但是，他把這家企業改成投資公司。

華倫巴菲特認為他可以用頭腦賺錢，就是用專業的投資知識來賺錢，他的股票現在一股大概台幣一百萬，非常貴，為什麼他的股票有辦法飆升呢?因為他每年幫投資人賺很多錢，他的報酬率是很穩定的，即使電子股在狂飆時，他也說：「不懂的股票我絕不介入！」所以當科技股一瀉千里和泡沫經濟垮了以後，他一點也沒受傷，只專心投資傳統產業，這就是他的專業。當時美國道瓊工業指數從一萬兩千點跌到八千點時，他的公司仍幫投資人賺進十七億美金，等於五百多億台幣，所以他的股票才會這麼昂貴，這就是典型知識經濟的傳奇。

關鍵法則

知識經濟的有用資訊是獲利利器。

3 以少勝多：財務槓桿的操作

槓桿就是以少勝多。用越來越少的力量，做越來越多的事情。

美國投資家　羅勃特・T・清崎

心智與行動的槓桿操作

財務槓桿源於財務的運用，現在已被廣泛應用於各種領域。

財務槓桿，原本是學術領域的專有名詞，對企業而言，指的是用固定利率成本之資金擴大其每股盈餘的能力，簡單的說，就是用小錢去生大錢的槓桿操作。除了以小錢生大錢的財務槓桿操作，槓桿的操作已經被廣泛應用各種領域，即是以最小的付出以獲得最大的效益。

說起來很抽象，但我要告訴投資人的是：用最簡單的方式去獲取最大的效益。舉個例子來說，現在的國中基本學力測驗有兩次，有個補教界英文名師，第一次考完就開了約一個多月的短期補習班，總共收了六百個學生，一個學生交了一萬八千多元的學費，總共收了一千多萬，每天上午只要給學生們講義練習，下午考試，晚上再講解。一個班只要請兩個導師，扣掉教室租金和請老師的成本，一個多月幾百萬的進帳是絕對沒問題的。這就是槓桿操作，靠著名氣，打著學力測驗的招牌，請幾個老師，就能在短時間內賺取非常高額的收入。

槓桿操作原理

一顆十公斤的鐵球，你要用十公斤的力氣才能推得動

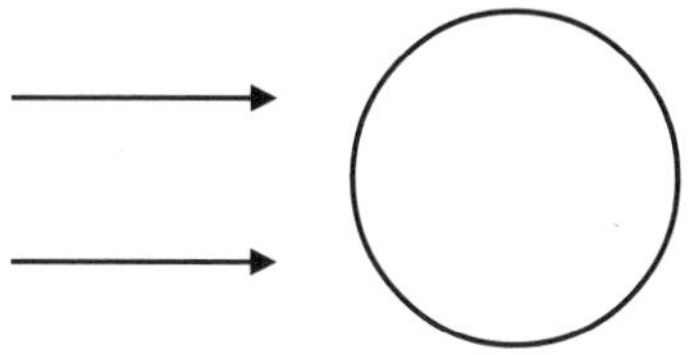

運用槓桿，你只要用十分之一甚至更少的力氣就能推動

不論你選的是哪一行，都要能帶動風潮，要能預測社會上的需要，提供別人所無法提供的服務。重點在於能不能看到這樣的商機，這位名師就看到了補習教育的市場。現在失業率很高，很多人找不到工作，任何執照或公家機關考試，錄取率都很低，可是有很多人就能看到賺錢的商機，開設如空姐、公務人員補習班，招生名額大爆滿，一個人繳個三、四萬元的學費，收了五百位學生一次就賺到幾千萬。所以，要創業，一定要懂得用一件看似簡單的事情去賺取無限的利潤，然後徹底採取行動，這就是心智計畫和行動計畫的槓桿並用。

我在錄節目的時候，訪問到兩個年輕人，一個二十四歲做手工人偶，一個月就賺兩百多萬，另一個年輕人呢？二十五歲就開起燒肉店，很有自己的想法，他共有七家分

店，一家淨利也是兩百多萬，七家加起來一個月就上千萬了，所以到處都有賺錢的機會，在於你到底看到了沒？看到了以後還要把它實現出來，採取實際的行動。

關鍵法則

槓桿操作

1看見商機。

2以少勝多。

3徹底行動。

世界上賺錢的途徑很多，有熱門，也有冷門，只要善於去發掘、開發，就會有所作為。只要你肯動腦筋，細細觀察，商機還是有很多的。

我有一個朋友，以前是一個國大代表，他在桃園觀音鄉租了四公頃田地，別人都認為那些田不值錢，但是他看到商機，他放水到田裡種蓮花，蓮花開得非常漂亮，變成很美的蓮園，於是他開放讓觀光客來賞蓮，後來有人看他做得還不錯，也在附近的田地陸陸續續開了十幾公頃的蓮田，這個地方就慢慢變成一個知名的觀光蓮園。

這樣還不夠，我這位朋友知道媒體傳播的力量，又找了一個女孩子，作人體蓮花彩繪，果然吸引媒體的關注和報導，讓蓮園聲名大噪，由於觀光的人絡繹不絕，他又租了四十公頃的地，開餐廳，賣蓮花等相關產品，開設製造以蓮花為圖案的衣服、帽子或杯子等工廠，建停車場，每年辦蓮花季，就這樣，一塊不毛之地被他經營出無限商機。據他所言，他的營業額差不多四千多萬，能淨賺兩千多萬，報酬率是很高的，這就是看到荒田的槓桿操作。

說起來他也只是讀中文系的大學生，而前面提到的那兩個年輕人都是私立高中畢業的，所以學歷不代表一切，重要的是你對社會有多少瞭解，有多少觀察，而且還能夠付諸實行。

企業的人才就是槓桿，組織一個成功的團隊替企業獲利，亦是槓桿操作。一個新竹科學園區的工程師，雖然年薪百萬或千萬，但是他們所付出的努力和精神也是很大的，必須白天工作，晚上加班的賣命工作，但是老闆就不同了，只要請幾個頂尖的工程師，一個月給幾十萬的薪水，就能夠賺取好幾億的利潤，所以說，企業也是運用槓桿操作的方式，員工們是企業的槓桿，可以以小生大賺取倍數利潤。因此，我很鼓勵自己出來創業。**只要有機會、有準備，就不要怕，儘管放心去闖**。

關鍵法則

投資致富三部曲

1投資自己。

2投資理財。

3創立事業。

德國哲學家謝林說：「一個人如果能意識到自己是什麼樣的人，那麼，他很快就會知道自己應該成為什麼樣的人。」這說明了人要時常的自省，讓好的更好，讓壞的改進。只要看清楚自己和自己所處的環境，準備好了，就做吧；機會來了，就衝吧！特別是年輕人更有本錢，聰明的運用心智和行動的槓桿，成功之路遲早有一天會到來的。冒險是值得的，雖然世界上沒有萬無一失的賺錢之道，但跨出去就不會失去機會。

關鍵法則

冒險，有機會。
安穩，有危機。

「掌錢」的農會總幹事

以錢滾錢之道，最高明的就是用別人的錢來生錢。

不是每個人生下來都含著金湯匙，有萬貫家產等著揮霍，所以錢要怎麼來？**一定要用某些固定的資金，去生出更多的金錢**，靠薪水是很難致富的，致富之道只有一樣，就是運用財務槓桿的原理，以小勝大。只要有了錢就會有權力，這是自由經濟社會的基本邏輯。

小時候我就深深體會了這個道理，我生長在台灣南部的嘉義，對我而言，種田的生活幾乎是我的兒時記憶，每天一放學回到家，別的孩子都是去玩，而我一放下書包就是要去耕田。

我們家夏天種稻子，冬天種菸草，種稻子很辛苦，能不賠錢就不錯了。種過稻子的田是讓菸葉強壯的基礎，是為了讓菸葉有很好的收成。大概在民國六〇年代，我讀小學，我深刻的記得菸草是我們家最重要的經濟作物，每年收入大約二十萬左右，從公賣局捧回來的現金，曬得粗黑，佈滿風霜的雙親立刻把錢存入農會，坐領很高的利息，當時台灣經濟快速起飛，所以存款利率高達十二%，我看見父母親心裡是既踏實又高興。

除此之外，父親經常半夜要起來割上一夜的絲瓜，好讓隔天清早能送到市場去賣，「二八八元」，花了這麼多時間、心血所收成的絲瓜賣的價錢到現在我都還記得。

民國六十、七十年時，台灣經濟處於工業起飛的時期，水泥、食品、紡織、建築、化工到電機業每年營收都呈現倍數成長，相對地，在這些行業的投資報酬率一樣是非常高的。當時，很多人都拚命借錢投資，存款利率為十二%，放款利率為十七%，但這麼高的利率，依然有人借，就是因為太多人搶著借錢，利率才會飆那麼高。當時只要借錢投資的人都有很高的報酬率。

老一輩的人都很講求安穩，特別是把錢存在農會生利息賺錢，全家人就可以糊一口飯吃，可是鈔票進了農會，要再借出來就來就難了，而且利息高得離譜，當時的農會總幹事有決定是否借錢給你的生殺大權，有一天，我爸爸要向農會借錢，總幹事坐著高背椅，任憑我父親請託哀求急著用錢，他都不太理睬，瞪大眼睛對著我爸爸說：「你回去拿土地和房子來抵押吧！」看見這樣的情況，我小小的心靈覺得很不公平，錢是大家存的，憑什麼別人可以我們就不行借！但我又覺得當農會總幹事真是好威風，每天泡茶聊天，掌握借不借錢的權力，領很高的薪水，而這個錢還是別人的錢，因為農會存的都是這些農人的辛苦錢。

所以，我小時候還真是想當農會總幹事，想幫我爸爸爭一口氣，因為有錢才會有「權」，而這錢和權力的來源，還是從別人身上而來的。

退伍以後，已經忘了立志當農會總幹事這件事了，倒是在二十八歲那年買了生平第一間房子時，又遇到了另一個「總幹事」，這次是個銀行經理，我拜託這位穿西裝的中年人，利率可不可以低一點，得到的答案是：「抱歉，已經很低了。」我心想：鬼才相信已經很低了，只是我毫無籌碼和他談判，我又問：「那貸款成數可不可以高一點？」「板橋這種地段，很難喔！而且你又買在最高價，公告地價又不高。」他成數不多給就算了，還把我的房子「酸」成這樣說。

開銀行，資本額才一百億元，但是可以吸收到近兩千億元的存款，放款的權力很大，然後給足客戶臉色，上班坐在冷氣房中，穿著西裝制服，不吹風不雨打，靠吸錢、放錢，就可以賺錢，這讓我又想起那位農會總幹事的嘴臉，以及**有錢就會有權，有權就能生更多的錢，而且還能用別人的錢來賺錢這樣的道理**。

不過，農會老早就過時了，銀行也有點落伍了，現在最流行的是開投信公司（全名是證券投資信託公司），十年來，大概開了四十家投信公司。一家投信公司資本額三億元，但募集一支共同基金，少則十億，多則五十億，甚至上百億來投資股票，怡富投信的大歐洲基金就募了一百六十億，這又是一個典型向投資人籌錢來賺錢的例子。台灣有很多擁有七、八百億資金的投信公司，而每一家上市公司的老闆都會去拜碼頭說：「拜託啦，股票幫我買一點，買一點，股價才會漲！」這就是權力，很多上市公司都會向投信低聲下氣，希望投信能買進公司的股票讓它漲，這樣一來，投信的影響力量就變得很大，同時還能用別人的金錢，來賺取投信公司本身更大的利潤，一旦募集的資金越多，所賺得手續費或管理費當然也越多。

關鍵法則

以錢生錢之道

1 籌資別人的錢來賺錢。

2 有錢就有權力，有權就能賺進更多的錢。

保險公司的原理其實沒有什麼不同，向保戶吸收資產，除了理賠（金額其實不大），其他都拿來投資不動產、股票、債券和做放款，蔡萬霖先生的國泰人壽就是「以錢生錢」當中最成功的故事。

但保險飽和了，投信也很競爭了，如今的趨勢是開創投公司（全名為創業投資公司）。

為什麼？就是創投對外幕錢，可以用很小的資金形成很大的資金，只是募的對象不同，前幾種是向一般投資人募，創投則是向金主募，一個金主出一億，二十個出二十億，然後由募的人當創投董事長，董事長找來一些對未來趨勢產業特別有研究專長的人當經營團隊，投資一些還在創業階段，很缺錢，但很有潛力的公司，趁股價很低的時候就先大量買進他們的股票，並且協助他們引進財務管理的觀念、高階的技術等，創投投資了以後，對這家公司就能夠影響很大，如果股本才兩千萬，就買四百萬，創投就佔兩成股東，等到這家小公司規模越來越大，利潤越來越高，一旦上市，股本可能從兩千萬暴增到二十億，這時股票賣出，四百萬的本金馬上變成四億，獲利一百倍。

連老祖宗的標會也是一樣，都是拿別人的錢來生錢，就是以小博大，因此我說，打通金脈，掌握資金，洞悉財務槓桿的操作原理，這樣才能做穩當的生意，走上創業致富之路。

世界上許多富豪都是白手起家的，如果你自己的資金有限，你可想辦法利用別人的錢來賺錢。

關鍵法則

1 白手起家創業的人，不妨設法籌資，以小博大。

2 打通金脈，才能做穩當的生意。

超級營業員

要想生意活，必須資訊靈。只要你擁有資訊，你照樣可以致富。

除了吸別人的錢生錢，以小博大之外，你還能靠別人的訊息來賺錢，對於一個出社會闖事業的人來說，懂得活用槓桿操作就像背靠著一座金山，。

當記者的時候，一位股市主力當著我的面和某上市公司的公司派討論著如何鎖籌碼，如何給佣金，主力當場下單給幾家號子的超級營業員，然後由號子營業員自然的把消息散播出去，再由外圍來炒高這支股票的股價。

這就是財務槓桿操作的原理，原來這位主力的實力和財力都沒有想像中雄厚，但他善於運用槓桿操作，用別人的錢賺錢，他下單不是一次就下完，也不是只在一家券商下，他大概分成十家，每家下個五百張，因此許多人都喜歡和超級營業員攀交情搭關係，目的當然是希望最即時得到主力的明牌。

這些人年薪從幾百萬到一千萬不等，比較特別的是，每個超級營業員都幾乎是年輕貌美的女性，善於應酬交際，周旋於那些懂得操作股票的主力和股市作手當中，她們必須打扮的漂漂亮亮，「服務」這些股市大老們打小白球、進餐廳、出入公眾場合，甚至上酒店，目的就是得到股票的「內線消息」，知道什麼時候股票該買？哪一支股票準備炒作？這還只是其中的一小部分，這些超級營業員真正賺錢的還是主力作手們的大單敲進，當然，這些天價數目的成交金額，只要一個月來個幾次，這個營業員的業績獎金馬上一飛沖天，夠她穿金帶銀。

每個營業員一個月要有一億的成交金額才有業績獎金可以拿，如果只靠菜籃族和一般小戶們的成交量，了不起一個人一個月進出一、兩百萬元，一個月要有一百個人如此頻繁的進出才有一億元，但是超級營業員就不同了，只要接到一位或兩位主力作手或大老闆們的單子，股價五十元的股票，若是一次買進一千張，成交金額就有五千萬，再賣出去就超過一億元了，因此有一億元的業績簡直是輕而易舉，無怪乎一個超級營業員的年收入能夠有幾百萬。這就是用別人的錢與訊息來生錢的最佳典範。

就像一位績效佳的基金經理人，他們不但有專業知識，可以用投資來賺錢，他們手上還握有消息，只要精心研究出某家公司後市可期，不論是上市上櫃，還有未上市的股票，只要看好，就可以慢慢買進，等到飆漲時再出脫，賺了很多錢，這就是以資訊賺取鉅額利潤的例子。但是一般投資人沒有這樣的專業知識也沒有所謂內線消息。

當了多年財經記者，「挖」到不少內幕消息，認識一拖拉庫大名鼎鼎的股市作手，我可真是見識到了何謂靠錢賺錢，靠投資人所提供的資金來賺錢，這個賺錢威力是無比驚人的。

我曾經在ＴＶＢＳ主持過現場的財經節目，棚裡有六十位觀眾朋友，都是一般求「財」若渴的市井小民居多，但是邀請的來賓就大大不同，有銀行的副總、投信的總經理，券商自營部的操盤人和保險公司的協理等，他們有一個共同的特色，一定穿高級的深色西裝，皮膚白晰，頭髮梳理整齊，邏輯清楚，口才不錯，如果有心觀察，他們所戴的錶都是勞力士級的水準，開的也是雙B級以上的百萬進口名車，這些人哪一個不是靠別人的錢來賺錢呢？

所以，金山有時是在「精」不在多，特別是圍在那些大掌櫃（掌錢的人）的身邊總是有好處，曾經在股市叱吒風雲的劉××和黃金單身漢黃××身邊不就是圍了不少靠他們吃飯的女人嗎？**一般人都以為賺錢致富一定要有錢才行，而不懂得用別人手上的資金來生錢的道理，一般人都知道交友廣闊非常重要，但卻不曉得最重要的是要從這些有錢人的口中掌握關鍵資訊。**

關鍵法則

1掌握別人口中的關鍵資訊，也是以小勝大的槓桿原理。
2倚靠別人的金山，同樣可以達到以小錢生大錢的目的。

槓桿操作可以應用在我們的生活當中，比方說如果你要賣ＢＥＮＺ汽車，要認識的人當然不是一般領薪水度日的上班族，除非這位上班族有年薪上百萬的收入，懂得投資賺錢，或者是中了樂透，不然作為一個賣高級房車的ＳＡＬＳ（業務），實在應該要去多認識這些大老闆，比如到小白球俱樂部打球，上高級餐廳物色買主，或者參加一次昂貴豪華的旅行團出國旅遊，保證你認識不少金主，一個月賣上幾部ＢＥＮＺ車應該不是難事。

所以，要賺錢，一定要想辦法倚靠金山，掌握訊息，錢的規模才會成倍數增加，錢累積的速度也才會快。

壓對寶就是金山

看準有潛力的人，就可以大膽地去投資他。

懂得槓桿操作還有什麼好處？除了靠有錢人的訊息和龐大的資金之外，還可以靠有能力或有潛力的人來糊一口飯，就是像武俠小說的吸金大法一樣，只要吸取別人十幾年內力的精華，自己就可以很快的練成絕世武功，可是很少人體會箇中菁華。大家都知道知名主持人年收入上千萬是件很正常的事，但是其經紀人的收入卻比主持人還要高那可就是令人訝異，值得好好研究了。

我從報社記者轉戰電視台當主持人，見過年薪千萬的主持人倒還真不少，但那年薪比主持人還高的經紀人可真讓我嘖嘖稱奇，原因是他們挖到一座到兩座的金山，手上有最紅的產品（主持人），把知名主持人賣給各家電視台，安排上節目等，他們的工作多半是幫主持人找賺錢機會或做公關，他們的一通電話，經常能夠幫知名主持人找到賺上百萬甚至上千萬元的節目。他們的收入有多麼的可觀，每一筆交易就可以抽兩成半的酬勞，如果一筆交易是一千萬元，他們就可以抽兩百五十萬元，所以一年下來，年薪大約兩千萬元，算算還真是抽翻了。

這種槓桿操作非常值得，只不過這是靠著壓對寶的眼光，藉由別人的優勢，讓自己賺錢。

不用朝九晚五奮力工作，不需販賣知識和勞力，只要靠金山就可以不愁吃穿，但關鍵是你要壓對寶，你要知道哪裡有寶物，哪裡有人才，然後才開始投資。

被譽為史上經商與謀略奇葩的清朝第一商人胡雪巖就是深諳「以人生錢」的佼佼者，認真說起來，胡雪巖是個肚裡沒墨水，不會讀書的粗人，加上沒有什麼家世背景，只是個中下階層的窮小子，最糟糕的還不只這些，他根本不想要靠努力，整天只想著該如何空手發財。他唯一的才能，就是有「背靠金山」的頭腦，在他年輕時就是靠著一位失去權勢和窮困潦倒的做官人家王有齡而率先發跡的，當王有齡這位官宦人家的子弟處於困苦環境時，胡雪巖用了身邊僅有的幾十兩銀子，這幾十兩銀子還是向他工作的錢莊老闆借的，他把這些錢用來幫了王有齡，因為他心中暗自判斷：這位王有齡好歹曾經也是個朝廷貴族，雖然家道中落，但畢竟是個飽讀詩書的人才，因此才下決心幫他。正因為他壓對了寶，王有齡果真捲土重來，獲得朝廷青睞，從此以後，胡雪巖就開始成為王有齡身邊的紅人，身價不凡，終日圍在清朝的上流人士當中，賺取更多的銀兩鈔票。想當初他幾兩銀子的投資，馬上翻漲，還真是值得。

關鍵法則

運用人才的潛力，能協助你輕而易舉獲取最大效益。

因此，當經紀人和銷售產品的業務員都是同樣的道理，不但要懂得用小錢生大錢的道理，同時要背靠比別人更好的金山，以及擁有要賣的寶物，**關鍵就在於你是否有眼光，是否看準投資標的，運用這投資標的來讓自己賺大錢**，前面提到了NIKE一口氣用一億美元簽下還未進NBA打球的十八歲小伙子詹姆斯，就是看到了這位號稱籃球天才未來的明星魅力和爆發力，但是這當中最精明的是誰？不是那位苦練籃球的天才詹姆斯，也不會是本來就有上千億財產的NIKE公司，而是那位仲介的經紀人，他讓自己手中握有最具潛力的寶物，讓自己掌握最大的籌碼和NIKE談判，達成交易，相信他的抽成肯定不少，想想假如這位經紀人也是抽兩成五，他就抽兩千五百萬美元，折合台幣約九億元，嚇人吧！

因此，活用槓桿，用小錢投資生大錢，背靠金山，掌握別人沒有的寶物，致富的速度快多了，金錢的投資效益也會飆升。

賺錢，要先會投資

一旦決定了，你的行動要越快越好，不要等到有能力的時候才去做。

要創業，先打通金脈，我認為有兩個方式，一是投資理財，一是投資本業。在投資理財方面，在股票市場中最能賺取高額利潤；另一方面，創業，可以到股票市場上去籌資。

關鍵法則

理財：從股市中獲利。
創業：從股市中籌資。

我認識一位只有員林高工畢業的年輕人，二十幾歲開始投資期貨，後來被馬老闆挖去開創元大期貨，馬老闆給這位二十幾歲的年輕人元大期貨的三千張股票，當時一張股票才十來塊，總值差不多四千萬，這對於一個二十幾歲的年輕人來講，還真是不小的數目，可見他操作期貨的「功力」是很深厚的，這個小專家從二十幾萬的本錢一路賺了十三年，幫元大期貨總共賺進了十億，每股盈餘高達四元，本益比十五倍，股價到了六十元。他的四千萬也變成兩億四千萬，才一個高工畢業的小伙子，真是跌破大家眼鏡，這十三年他所靠的是自己投資上的專業能力。因此，**投資理財是可以賺錢的，特別是擁有股市的專業知識，會投資的人根本不需要怕沒錢，怕失業**。

如果不懂投資也沒有關係，那麼你就要專注在你的工作上，將心力投注在本業，假如你是個人才，總有一天會出頭的。

台灣是充滿機會的地方，很多人創業成功，累積了上百億的資產，廣達的一名副總經理，以前只是在一家名不見經傳的科技公司工作，他的太太則在國中當老師，有天，這家公司倒了，所有投資的錢都賠光了，夫妻倆正苦無出路的時候，林百里看他是人才，就找他當研發部經理，讓他一起來研發筆記型電腦，終於歷經了十幾年的努力，他們成功了，股票上市的那天夫妻倆喜極而泣，從一無所有，倒店關門，走投無路，到今天二十幾億天文數字的資產，多麼地戲劇化，這就是因為他專注於本業，全心投入，數十年如一日，才有今天的成果。

他和他太太有天就去看房子，當天就買了三棟別墅，因為不知道選哪一棟好，乾脆三棟都買了，哇！有錢到連買房子都像買衣服一樣，而他們家裡，曾經放過兩千萬現金。

投資本業最後成功的例子在台灣真的是很多，作筆記型電腦與主機板的華碩施崇棠、IC設計威盛陳文琦，另外，不是當老闆自個兒創業的，還有曾任花旗總裁的陳聖德，現在跳槽到中信銀，年薪五千萬，工作個二十年也有幾十億了。

有了本業，要打通金脈，可以到股票市場上籌資。以前台灣的上市公司只有一百家，現在卻有一千家，因為政府拚經濟，很多條件都放寬了，如公司負債、盈餘、股東權益等都不像從前看得那麼緊，所以在台灣上股票市場籌資是企業很好的發展機會。像華碩，一開始也只有一千萬股本，後來變成一億，企業越做越大，變成一百億就是一千倍，這就是打通金脈的最佳機會。台灣很多科技公司的奇蹟就是這樣創造出來的。大老闆一次買個十幾輛車，都還是小兒科，有保時捷、勞斯萊斯、賓士、積架，什麼豪華名車都有，一輛車算算五百萬到一千萬，這還保守估計，再加上一個車位四、五百萬，天啊，實在太有錢了，這都還只是大老闆的其中一小部分。我認識一位做主機板上市公司的總裁，他總共買了十一輛車，都是名貴轎車，所費至少超過一億。但話說回來，這就證明了專注本業有成，辛苦有了收穫，就算是他們自己，可能以前也沒想過台灣有這樣子的機會。

現在上櫃最低的資本額只要五千萬，第一類股（上市）是兩億，第二類股（上櫃）是五千萬，如果你的企業未來有潛力，卻缺乏資金買設備來擴廠或研發，就到資本市場來籌資。假使你的公司是五千萬股本，然後申請上櫃，股本要是膨脹到五億，股價飆到三十元，股本也以驚人的速度膨脹。因此到股市集資，印股票換鈔票不是壞的，只要公司有前景，又專心投入，都可以藉著資本市場的資金，使老闆變成財富新貴，企業變成國際大廠。

民國七十幾年我當記者時，只要看到一個上市公司老闆就像看到保育動物一樣稀有，很了不起，現在上市公司增加十倍，財富新貴同樣也增加十倍，真的是造就了不少的有錢人。

所以，打通金脈有兩種方式，一是投資理財，但投資理財最怕的是邊上班邊看股價，不專心工作，是一定不會成功的，二是投資本業，到股市籌資。不論有沒有創業，工作專注，只要你是人才，總有一天會出頭。

第四部

經濟大趨勢：鄭弘儀看台灣未來

台灣的未來很有前途，只要政府與人民有遠見！

經濟大趨勢

- 預知未來的最好方法，就是對目前所發生的事情有清楚的概念。
- 未來，世界上的每一個國家， 還是得走來自於「人性」的資本主義自由經濟路線。
- 走高階技術、頂尖知識的產業，以台灣作為企業總部就有前途。
- 台灣進軍中國大陸有其文化上的絕佳優勢。
- 高科技產業有不賺錢的，傳統產業也有賺錢的，端看企業本身怎麼經營。
- 開發觀光業，讓台灣更美，人民素質提升。
- 台灣經濟短時間內不會再快速成長，五%以下會是常態。
- 我們無法預估經濟環境的變化，能做的事就是每一筆投資都要小心謹慎。
- 不景氣時代，一昧把成本壓低，不是長久之計。
- 使用刷卡消費的人今天購買的東西，必須由未來所得支付，但未來所得不一定會如計畫出現。

1 台灣的機會在哪裡？

預知未來的最好方法，就是對目前所發生的事有清楚的概念。

趨勢大師　約翰奈思比

現在的世界，是開放的世界

過去五十年，台灣經濟發生了驚天動地的變化，但是很多人都沒有察覺。

民國七十六年，那時我還在當記者，每年經濟成長率約十二%，失業率只有一%。現在，民國九十二年，經濟成長率只剩約二%，失業率卻高達五%，短短十幾年的時間，台灣經濟產生劇變，加上全球不景氣的連鎖反應，讓經濟狀況是雪上加霜。

全球不景氣的原因，美國經濟學家葛瑞・薛林（A. Gary Shilling）在《通貨緊縮》一書有很好的詮釋：上一世紀工業社會拚命地「機械化」生產，造成這一世紀物質的生產過剩，過量的供給大於需求，使得全球經濟的總體結構必然有一次維護「自然生態」平衡的調整，使我們的社會正進入一個「通貨緊縮」時期。這時候東西是越賣越便宜，錢是越來越難賺。

對於台灣而言，除了全球景氣循環的影響，導致這個總體經濟變化的主要原因在於一九七九年中國大陸的改革開放。當時中共實施經濟改革政策，讓外資進大陸投資設廠，使中國在經濟上從共產主義走向自由經濟的資本主義。老共有這樣的轉變，應該感謝張五常先生，話說鄧小平曾經拜訪香港大學的經濟學教授張五常先生，當老鄧與他對談時，問這位世界知名的經濟學家說：「一個國家要怎麼走才能有錢？有錢不在於國家的窮兵黷武，發展國防，而是人民如何能有錢？」

張五常只意味深長地講了一句話：「你只要做一件事——貫徹『私』，因為人是自私的動物，如果不開放自由經濟，不改鎖國政策，那麼以後的情況會越來越糟。」

換句話說，「私」是人性啊！共產主義是「有飯大家吃」，平等分配，而資本主義，是「大家有飯吃」，是自由經濟的競爭，只要肯努力的人，就有飯吃。這也就是後來老共貫徹「私有化」的來源，人們可以有財產，財產亦不歸國家所有。

關鍵法則

資本主義社會，人人都有機會，端看你肯不肯努力，有沒有眼光。

這就好比有錢老爸不分家，子女們都懶得做事，反正有做沒做的結果都一樣，所有好的壞的都是公家的，於是大家就開始掏空老爸的錢，掏的越多拿的越多。

我主持節目「新聞挖挖哇」時，就挖到了一個企業家的第二代，在外和別人的女人有私生子就不提了，但令我不解的是：還挖到了另一個驚人的內幕，就是這位有錢小開，在老爸的企業裡當採購，採購的回扣竟然拿了公司好幾億元。頓時我的心裡真感到納悶：這不是你們自己家的事業？還需要撈錢？原來就是一個「私」字害的，這個家族企業的後代兄弟有很多個，老爸不分家，有努力沒努力大家分的都一樣，所以大家都在撈，能從中揩油的就會多揩點。

正因為人是「自私」的動物，鄧小平開放私營企業，在老鄧的領導下，一九八〇年首先在毗鄰港澳台的廣東和福建兩省開辦了深圳、珠海、汕頭、廈門等經濟特區，開放個體經濟，種下資本主義經濟路線的種子，隨後再開放外資到中國設廠、經商，並大力推展出口貿易，他因此也說了中國人人皆曉的一句名言：「現在的世界，是開放的世界。」鄧小平自此被譽為改革開放的總設計師，他給中國帶來新的視野，確立了他在中國崇高的歷史地位。

未來，世界上的每一個國家，還是得走來自於「人性」的資本主義自由經濟路線，自己拚的，都歸自己。

很多公務員都普遍存在著「多做多錯，少做少錯，不做不錯」的工作心態，反正打拚與不打拚所得到的報酬和升遷都差不多，所以全世界的國營事業都在走民營化路線。世界上最早開放國營事業民營化的就是法國，包括所有的航空和海運公司。在台灣，中鋼、中船、中油、中華電信、公賣局、台汽等現在都走民營化路線，因為國營企業抵擋不過世界潮流的趨勢和國際的競爭。

二〇〇二年三月二十八日，台灣中山科學院研究院航太所邀請我去演講，位在台中航空站旁邊的中科院航太所，已被分為兩部分，各自獨立，一邊是漢翔公司，隸屬於經濟部的國營事業，不做經國號戰機（ＩＤＦ）以後，裁撤之聲不絕於耳；另一邊就是中科院航太所，員工從七百多人變成六百多人，遇缺不補，屬於國防部管轄，這些早期從國外回來的高材生，如今都有飯碗不保，每況愈下的危機。

關鍵法則

國營事業民營化是必然的趨勢，未來，公家機關的飯碗就沒那麼安穩了。

所以，老共改革的開放是順著人性的基礎在走的，每個人都在垂涎這十多億人口的龐大市場，就連可口可樂集團都說：「大陸十三億人口要是每人買一瓶可樂，一瓶賺一角美元，就有一億多美元的收入！」，全世界都在想像著這個市場，特別是中國鄰近國家如新加坡、香港和韓國，很多廠商都跑到了大陸去投資，又尤以台灣最嚴重，台商去大陸投資，受全球化的影響，據統計，台灣總共被大陸吸了一千多億美元，將近七萬家廠商，再加上幹部、主管和員工，大概有一百萬台灣人長期留駐在那裡，台商把錢帶去了，技術帶去了，頂尖知識和菁英都帶去了，這就是總體經濟發生巨大變化的主要原因。資金變少，股市漲不動，企業到大陸的淘金熱，又使得台灣五％失業率更為嚴重，二％的經濟成長率也停滯不前。

關鍵法則

全球不景氣以及許多台商到大陸投資，造成台灣失業率的上升和經濟成長率的下降。

作為全球企業總部有前途

走高階技術、頂尖知識的產業，到世界各地去設廠，以台灣作為總部就有前途。

說起來很悲觀，台灣跑去大陸投資設廠的廠商是越來越多，台灣要打拚經濟，加入WTO要看老共臉色，中國大陸還「吸」走了台灣龐大的資金、頂尖的技術和知識菁英，更令人憂慮的是：分隔兩地的台商夫妻，給了大陸妹「包」了台灣男人的機會，又再次打碎了一國的基礎：家庭。

該怎麼辦？台灣未來的機會在哪裡？我認為台灣雖然不是非依賴大陸不可，但也不需要看壞台灣，**假定廠商跑到國外去投資，國家本身就沒有前途，這是一種錯誤的結論**。

我舉個荷蘭的例子，台灣和荷蘭土地面積差不多大小，人口也差不多兩千萬，沒有什麼值得利用的天然資源，只有沼氣而已，所以在歷史上，荷蘭由於本土沒啥可賺錢的資源，幾百年前是個「著名」的掠奪者，是海盜國家，但是現在呢？荷蘭創造了全世界前一百大的幾家大型企業，包括飛利浦（Philip）、殼牌石油（Shell）、荷蘭銀行（ABN AMRO BANK）、聯合利華（Unilever）、ＩＮＧ安泰國際集團以及鬱金香（Tulip）等。

荷蘭國際性的大公司都跑到海外去投資設廠，但是國民平均年所得高達三萬美元，怎麼會沒有前途呢？比方說大名鼎鼎的飛利浦在台灣也有設廠投資——建元電子，亦是台積電的大股東，由於時差的關係，台灣的主管三更半夜常常要起來和荷蘭總部開視訊會議，有夠賣命，早上起床眼睛都紅紅的，不只在台灣，飛利浦在墨西哥、大陸都有設廠投資。

這些總部設在荷蘭阿姆斯特丹，分部設在全球各地的集團，其中人事調度、研發設計、行銷企畫、財務管理等都在總部完成，而分部則根據當地的文化進行人事管理，根據當地的原料或需求來執行生產、分配和銷售，這就是近年來全球本土化的趨勢，企業集團的市場必須鎖定全球，然後再根據當地的文化和資源進行人力、物力的調配，並且根據當時的需求進行本土化行銷。

簡單一點的說，企業的總部就好像家鄉一般，海外的分部就像所生的孩子們一樣，孩子們到外地去闖蕩，一旦海外事業壯大了，孩子就會對家鄉有所回饋，也正因為如此，總部「遙控」著分部，分部不斷增加成長，總部也會跟著茁壯起來。這方面，荷蘭政府算是很有遠見，想法也比較先進，台灣可以學習這樣的精神，「立足台灣，進軍大陸，放眼世界！」，把企業總部設在台灣，我相信台灣人個個聰明，有生意頭腦。阿扁總統目前正在推動把運籌總部設在台灣，到現在，已有超過五十家企業已經完成，另有幾十家也在籌設中，如果這個計畫能成功，不但不用看壞台灣，還能像荷蘭一樣，有絕佳的機會。

中國大陸淘金熱

台灣進軍中國大陸有其文化上的絕佳優勢。

荷蘭的經營模式是成功的，台灣更有可能成功，因為台灣有絕佳的機會，特別是大陸這塊大餅，人人都想分一杯羹，台灣作為華人地區的一員，由於源自中華文化，同文同種，語言溝通佔有絕佳優勢。

台灣政府曾經規劃亞太營運中心，期望台灣成為西方世界在中國大陸的門戶和跳板，姑且不論亞太營運中心到底是失敗還成功，不過企業全球總部設在台灣的想法，近幾年來，幾十家財團都做了，包括筆記型電腦代工大廠廣達、電腦周邊設備生產的鴻海以及中華汽車等，都將這種全球本土化的經濟效應發展得有聲有色，特別是在中國大陸的盈餘，都反映在股價上，其實這也等於回饋了台灣，壯大了台灣的經濟實力。如果企業在中國的盈餘沒有回流至台灣，那麼這時候說大陸吸乾台灣才算是有道理，否則，**大陸絕對是台灣可依靠的超級大市場，是可以相互為用的經濟夥伴**。

中國大陸的改革開放，經濟崛起，對於台灣而言，過去十年算是超級陣痛期，台商帶著技術和人才往外跑，往大陸淘金，使得台灣陷入低潮，但是話又說回來，如果沒有中國這塊餅，台灣就沒有辦法一年享有兩百五十億美元的出超，台灣外匯存底有一千八百多億，每年若把對中國大陸市場的出超拿掉，就等於每年少了四分之一的出超，若只有對美國的出超，加上日本和歐洲的極大入超，超過十年，台灣外匯存底就會不夠用。

不過大陸如果要成為經濟強國，還得需要一段很長的時間，所以台灣還有很大的空間可以創造自己的機會，因為大陸人實在太多，城鄉差距又太大，人民知識水準差很多，交通運輸也沒有建設的很完善，經濟上要發展，人民素質還須全面提升。另一方面，生產、分配和消費的經濟活動，效率是很重要的關鍵，而運輸工具是基礎。因此，大陸要整體改革，還要很長的日子。而且中國還是很官僚文化的，政治上，完全的自由民主也要等上很長的時間，而台灣，政治民主，言論很自由，這才是台灣最大的資產。

關鍵法則　大陸要成為超級經濟強國，在交通運輸、人民素質和民主改革都要一段很長的時間。

中國政治上仍是共產主義，人民很怕官，尤其是大官，有一次我們去大陸考察，借用大官的賓士車出差，司機可以賺外快，樂意地用大官的賓士車來載我們，我們到了一個地方，那賓士車突然壞掉了，哇！糟糕怎麼辦？剛好村子裡有人在修車，不過修車廠很簡陋，司機當時和我們說：「你們在車上坐好，手抱胸，不要說話！」然後他就去叫人來修車，我遠遠看他走路過去，大聲地對那修車的人說：「出來出來。」「什麼事啊？」修車的人回答，「我們車壞了，給我修。」那個修車小伙子就乖乖過來修，修完以後那司機又說：「好了，回去，回去，回去。」車「咻」一聲就直接開走了，連錢都沒付。

事後我才知道，大陸人很怕官。當官的是可以使喚小老百姓的。有權就可以當老大的心態，和這樣子的「官」念，**政策就很難站在老百姓的立場著想，要進步發展，真的不容易**。

大家不是都在說台灣政治正處於超級陣痛期，因為五十年來沒有政黨輪替，談論政治話題的CALL-IN節目大行其道，每天不是對立謾罵，就是為了爭辯一個議題而吵得不可開交。許多人對台灣的政治很悲觀，但是我很樂觀地看待這樣的發展，CALL-IN節目除了讓大家有宣洩的管道，也有討論的空間，一個話題講久了，不是膩了，要不然就是慢慢地有結論，會有省思，沒有這種過渡時期，台灣的民主是不會進步的，某個黨「ㄇㄡˊ蓋好」，那就換黨做做看，良性競爭，這對政治是有幫助的。

政治的過熱就像經濟的景氣循環一般，有所謂的過熱和蕭條時期，任何一種變化都是為了下一次衝刺打下最好的基礎，所謂景氣循環就是這個道理，高峰期過後，接下來就會是冷卻期，中間當然有必然地過渡期，大自然不正是這樣在維繫生態平衡的嗎？

關鍵法則
任何社會情況，都有過熱和過冷的循環。

所以，進軍大陸有文化語言上的優勢，大陸市場是絕佳機會。如果投資的錢回流，人事調度，企畫行銷或財務管理留在台灣，台灣永遠保持一個位階比中國還高的地位，讓中國追著我們的知識和技術在跑，如同荷蘭的模式一樣，台灣就會好得不得了，所以，實在不需要看壞台灣。

關鍵法則
1投資大陸市場，台灣有文化語言上優勢，是一個絕佳機會。
2總部設在台灣，位階保持在比中國高的地位，台灣未來前途可期。
3政府要讓企業根留台灣，就要給企業有利的環境。

因此，一旦度過低潮期，就有撥雲見日的一天。這就看台灣現在怎麼做了？如同台北縣為了留住鴻海，就訂了一項「五免五減半」的優惠措施，包括設廠五年免稅，五年到了又減半徵稅，事實上，五免五減半是向大陸學來的，所以有競爭就會有進步，不是嗎？因此要鼓勵企業把總部設在台灣，台灣政府就必須思考如何給這些企業更好更有利的環境，如土地規劃、周邊設施和基本設備等。藉此才能招商成功，「拚」經濟才真的拚得出成果來。

高科技榮景不再嗎？

一支火柴掉落，通常在擁擠的人群中造成天大的恐慌。

美國經濟學家　馬歇爾

全球科技股自西元二〇〇〇年以來的崩跌，造成台灣股市重挫，許多三、四百元的科技、網路股不但一路「連滾帶爬」跌到剩下幾十元，有的甚至只有水餃、雞蛋的價值，很多人認為高科技股的美好前景已經幻滅，網路股也泡沫化，高科技看不見未來？

近十五年來，台灣的股票市場雖然造就了一群電子新貴，也讓台灣的電子產業成為重要資源，但是電子股的大漲來自於散戶的投機心態而非投資，投資人被美好的獲利所迷惑，而忽略了現實的風險與變數，虛假幻想所堆砌出來的股價，實在是非常危險。

不少人會問我：「鄭先生，你是財經背景的專家，現在股票跌得這麼慘，連科技股也動不起來，台灣是不是沒有前途了？」

不景氣，商店關門倒閉、公司隨時叫人捲鋪蓋走路、失業率節節攀升，加上把錢放在銀行裡還生不出什麼利息，人們賺不到錢，這種唉聲嘆氣的聲音是特別多。

事實上，我總是勸人對於「不景氣」不用這樣悲觀，因為經濟市場本來就有起有伏，上

公元兩千年各主要股票市場漲跌幅

市場	公元兩千年漲跌幅
美國那斯達克	-39.3%
日經二二五	-27.2%
韓國綜合	-50.9%
香港恆生	-11%
台灣集中	-43.9%

上上下下。有景氣好的時候，當然也有景氣不好的時候，但是景氣不好時也總有一些企業還再向上發展、向上提升的，總有一些人還是賺了不少錢，關鍵在怎麼做和怎麼想而已。

拿高科技的產業來說好了，誰說高科技會一蹶不振？誰說傳統產業就一定不賺錢呢？像這種說法通常是一竿子打翻一船人，沒有經過大腦的想法，實在不足以採信。高科技會變成傳統產業？高科技產業會邁入微利時代？絕對不是這麼簡單來看，郭台銘的鴻海王國就是越做越好，不正是高科技很好的典範嗎？

鴻海在十幾年前做什麼？在台北縣土城只是個小小的模具廠，當時並不是高科技產業，那為什麼鴻海今天能夠做到世界性的整合元件廠，即電腦周邊的所有設備如連結器、面版、機殼和鍵盤等製造大廠，鴻海把這些元件整合在一起製造、分配。假使你是一個銷售廠商，要訂這些電腦周邊元件時，還要這家訂一些，那家訂一些，貨源來的時候又沒辦法統一，時間點也不一定，運輸的成本和時間增加，價格又要一家家公司去談，這時候銷售廠商跟鴻海買，反而是最快最有效率的方法。因為鴻海已經是全世界的整合大廠，它的工廠遍及世界各地，有的在墨西哥，有的在歐洲，有的在大陸，有的在台灣，而它所做的主要利基點就是將這些元件整合起來，好讓廠商能套裝訂購。

鴻海幾乎是台灣最大的製造業，郭台銘和他太太總共要賣八千張股票才有辦法繳一年的所得稅，鴻海股價一百多元，八千張大概要繳八、九億的稅，假定他們有節稅的話，稅率是二十%，等於是他們一年賺了五十億。如果讓他們賺個十五年就有七百五十億了，再以複利計算，財產老早就超過一千億了，他們轉型成功的原因就是企業的腳步並沒有停留在過去，而是遠見和格局，使企業不斷地在蛻變，從單純的生產到分配上的整合，多元化的電腦週邊產品使他們從模具廠到整合元件大廠，未來，鴻海也會再繼續升級，**只要企業調整夠敏銳、夠快速，那就沒有所謂的榮景不再，它的利潤也不會走向微利時代**。

在談論到知識經濟時，我舉了台積電為例，台積電一年的產值能讓台灣一百多萬公頃的稻田休耕，主要原因是它有極強的研發技術，而這種技術是別人沒有辦法達成的，所以它在台灣的地位幾乎算可以「呼風喚雨」。

台積電雖然從兩百元一路跌到剩下四、五十元，難道就能說它未來沒有前途嗎?當然不是這樣，前面提到後工業社會包含著知識經濟、資本經濟、技術經濟、規模經濟、速度經濟、設計經濟和研發經濟等，**只要有能賣錢的價值，都可以成為一個企業的資產**。

不過不是所有的科技產業都像台積電一樣，有些科技產業還真是夕陽工業，如ＤＲＡＭ（稱為動態隨機存取記憶體）產業，其中一家大廠茂矽，便面臨了倒閉關門的命運，小股東們怨聲載道。

曾經都帶上了高科技亮眼的光環，怎麼有些廠商會面臨如此窘境？答案就在於研發經濟，台積電靠的是什麼？是研發，它的晶圓大小從三吋、六吋、八吋到正在發展的十二吋和十八吋，技術是不斷地更新進步，所生產晶圓直徑越來越大，但其積體電路的空間是越來越小，從微米步入奈米的境界。而每一片晶圓可以承載多樣積體電路設計。

下面的圖就是一個晶圓的樣子。晶圓從最早期三吋、六吋到現在有八吋，裡面一塊塊的叫做裸晶，從〇・一八到〇・〇九微米，可以設計線路的裸晶縫隙是越來越小，所負載的功能就越來越大，裡面可以容納驅動ＩＣ，繪圖ＩＣ，ＣＰＵ中央處理器等。

晶圓技術進步

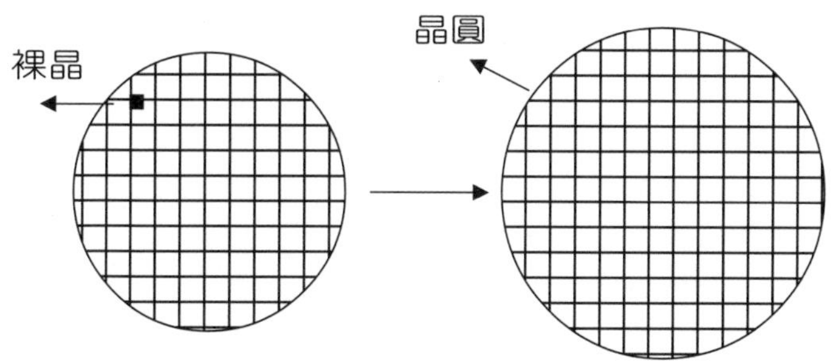

晶圓直徑越大，裸晶產量越大

晶圓（Wafer），晶圓廠接上游IC設計廠商的單子，代工承載積體電路的「晶圓」生產，當晶圓的技術越來越進步，晶圓直徑越大，每一片晶圓能增加的產能就隨之增加。

若只代工生產DRAM，而一片DRAM又只能做記憶IC，由於產品的「單一化」，加上技術上並沒有進步，使得它的價格從五美元降到一美元，導致入不敷出，最終只有走上負債累累的命運。

所以，台積電的晶圓代工產業在市場上可以做不同的IC，也能做記憶IC，這個就叫做台積電在市場上的利基（niche）。比起DRAM一片一美元，台積電一片裸晶就能賣一百元美元，如果技術更新，更是超過這個價錢，這其中就差了一百倍。DRAM的產品就是我們講的傳統產業，它好像早期的成衣廠，大量製造某樣東西，是規格化的產品。台積電為什麼好？就是它佔有多元的利基市場，一片晶圓的毛利很高，每年可以賺很多錢，而蓋一座晶圓廠要四百億台幣，台積電也跨過了資金這個高門檻，一般企業是不容易跨過去的。從這個角度來看，全世界能和台積電競爭的，還真是不多。

所以，看任何一項產業，我們應該看的是它在這產業當中所存在的利基點，即贏別人的優勢，這個優勢是別人沒有的技術或者是很難取代的技術，台積電所佔的優勢就是不斷精進的研發技術，加上所代工的晶圓是可以作各種積體電路的IC，它仍具有未來性和競爭力。

關鍵法則
企業的競爭力來自於不斷地進步和難以替代的技術。

觀光業的錢一定要賺

開發觀光業，讓台灣更美，人民素質提升。

國際上發達的工業國家，服務業是國民生產毛額的重要角色，約佔六〇%，所以，台灣作為企業總部，除了提升技術和品質有前途之外，台灣還要從國際服務業著手，就是賺觀光業的錢，發展觀光業，才不用總是賺「代工」這麼辛苦的錢。

台灣早期，作紡織、鞋子、成衣等輕工業，其實是很辛苦，因為那是需要人工在工廠連夜待命，後來又開發大煉鋼場、石化、塑化、化學等重工業，又把台灣這個美麗寶島弄得烏煙瘴氣，因為這都是高度污染的產業，很多廢棄的化學物質，都流向河川，台灣河川才會污染得這麼嚴重。

所以，我一直說台灣賺的是很辛苦的錢，人民經常連夜辛苦工作，對台灣環境也造成很大的傷害。現在，經濟重心到電子業，電子業對台灣傷害大不大呢？也有。像生產光碟片的工廠，需要有一種化學液去鍍它，但是這種化學液是有毒的。而台積電生產晶圓，需要大量的水，所以才讓桃竹苗地區常常缺水。

我們如果不只是做這些，開發觀光業，讓國外的人來買衣服、住飯店，然後去看表演事業，這些會改善台灣的交通、生活機能和增加鄉鎮市的商機，而且台灣的環境一定會美化，只有美化台灣，觀光客才會來。拿交通來說好了，比方說法國就捨得開發運輸工具，交通很便利，有高速鐵路。當我生平第一次去荷蘭，很驚訝、很震撼，我發現政府實在太對不起我們了，因為荷蘭太漂亮、太美了，簡直就像小時候在看月曆一樣，不是房子油漆很漂亮，就是很整潔，街道也井然有序，到處都看得到獨棟別墅和花園，家家戶戶生活水平都很高，門口停兩部BENZ，一部VOLOV的房子很多。

我去過法國、歐洲很多國家，他們除了把先人留下來的遺產，如文化古蹟和古堡整理得很好，而且整體的生活環境也規劃得很漂亮，特別是他們的國家，都有自己的文化特色，每戶窗台上都有兩盆花，並沒有裝鐵窗。台灣呢？鐵窗一大堆，不但很醜也表示治安一定不好，再來呢？商業招牌一大堆，表示沒有人在管理，每個人都只想著賺錢。素質和文化都不見了，如果是一個觀光客，會想來這樣的地方嗎？我曾經訪問過觀光局局長說：「國外的觀光客再來台灣，頻率高不高？」他的答案是：「很少，通常都來一次就不會想再來了，台灣最常來的是日本人，第一個是這裡便宜，第二個是來買春。」

像中國大陸雖然地大物博，環境優美，但是治安不好，觀光客就會心存恐懼，很多搶劫嚴重，治安不好的地方你都不會敢去的，像大陸東莞多可怕，搶劫的人一大堆，特別是黑龍江那種偏僻的地方。

我去大陸做外景時，租車到鄉下地方，其實嚴格來說那也不算是鄉下，只是北京城郊，因為北京有一千六百多萬人口，那邊一比起來就算是滿鄉下的。然後，當我們一行人晚上開車經過一個地方，那條路突然被人家挖一個溝過不去，路上有磚塊，我們就下車把磚塊疊一疊再過去，當車還沒過去的時候，凶神惡煞就出現了，大約一、二十個男人。只聽其中一人大聲嚷著：「停住停住，這磚塊是咱們的，要用要錢的！」接著每個人拿起棍子和刀子，原來他們要拿過路費，當時我們真是一點辦法都沒有，只好乖乖從命。所以大陸觀光業很難發展，很多地方治安不好，太恐怖了。

因此，**台灣真的要發展優質觀光，才能賺輕鬆錢**。台灣有兩千三百萬人，可是每年的觀光客只有兩百多萬，也就是說每十個人才吸引一個人來，全世界最大的觀光大國是西班牙，其次是法國，西班牙和法國每一個人都吸引兩個觀光客，而且還是高消費的觀光，法國人比台灣人勤勞嗎？NO，西班牙人比台灣人勤勞嗎？NO，他們可懂得享受了，商店五點就準時關門，很少人加班，你會經常看到很多人下班以後在公園聊天、品酒、陪小孩嬉戲。可是為什麼他們所得那麼高，賺那麼多錢，因為他們看重的是無煙囪工業，台灣呢？就是「加班，加班，加班」，工作很辛苦，搞到三經半夜都不回家的人很多。台灣有沒有輕鬆賺錢的機會呢？當然有啊，台灣其實是很美的，只是需要一段時間來規劃和整理。

關鍵法則

1投資觀光業，台灣人可以自在悠閒的生活，因為賺得是輕鬆的錢。
2觀光業美化環境、提升素質，又輕鬆賺錢，一舉數得。
3發展觀光業，國際形象也要美化。

去過瑞士、荷蘭、西班牙和法國的我，真的覺得台灣的形象差得一場糊塗。**因此，我們要賺這種可以美化環境，又能提升生活機能，人民還可以提高文化素質的觀光產業，還能賺輕鬆的錢，一舉數得。**像香港，只不過是在台灣旁邊的一個小地方，可是香港的觀光業就比台灣好很多，他們有萬象之都的國際形象，美食、購物、交通、飯店、觀光區都規劃得很好，賺了很多EASY MONEY。香港早年被英國統治，有多元的文化遺產之外，香港還創造出自己的特色。而台灣，沒有國際形象，還給人只有環境髒亂和工業的形象而已。這是可以扭轉的，韓國慢慢已經變成觀光大國，辦了奧運，整治漢江，辦了很多全世界印象深刻的觀光活動，台灣絕對有這樣的本錢和機會，台灣很漂亮，人又很熱情，地理位置很好，四季變化豐富，連新加坡這樣一個小小的國家，觀光業都發展得很好，可見台灣還是有很大的空間。

觀光可以賺什麼錢呢?有很多事業可以做的，瑞典發展觀光的方式就是讓很多人喜歡去瑞典泛舟，或者是住在森林裡面打獵等，瑞典和台灣一樣是島國，有很多周邊島嶼，人口才七百萬。瑞典是企業的總部，如易利信、IKEA家具、VOLOV汽車、SAAB汽車、ABB等，七百萬人口就能發展出國際型產業，國民年平均所得高達三萬多元美元（折合台幣一百多萬），觀光客很多，這就是台灣可以學習的地方。

易利信怎麼發展出來的呢？就是因為觀光客很多，到處上山下海去玩，但由於其地理環境的因素，山川湖泊太多沒有辦法拉電話線，後來他們為了改善這個問題，就拚命研發無線通訊，芬蘭、挪威、瑞典這些北歐國家就是這樣發展出行動電話的，哪天台灣吸引很多觀光客時，誰知道又會發展出什麼樣的新興產業呢？

當兵時我屬於海防部隊，在三芝、金山、淡水、桃園、新竹南寮都當過兵，都是顧海防，所以我知道台灣有多地方很好玩，風景很漂亮，我常常帶我們全家去三芝一個隱密的地方玩，那裡人煙很稀少，風景很美，那個地方剛好也是在台灣的德國人玩雙帆船的地方，有個德國人的俱樂部，他們在假日時常常男男女女推雙帆船出去比賽，不然就是玩水上活動，你可以看得到德國人放鬆的心情和冒險的胸懷。

有一次我帶著全家大小去那裡度難得的週末，到了以後發現那些德國人在玩雙帆船之前都在做一件事，就是每個人都拿著一個大垃圾袋在撿垃圾，當下我發現他們都在撿垃圾，心想如果我真的與他們一起撿垃圾，可要花很多時間，這難得的週末就泡湯了，轉頭正想溜，還沒來得及走人時，德國人就追過來問我：「你為什麼要開溜？不幫我們撿垃圾呢？」我很不好意思的說：「不是啦，我要去拿垃圾袋。」他馬上說：「垃圾袋我們有。」結果那個假日的大半天，我們全家都在那裡撿垃圾，不過，說真的，這給了我小孩很好的教育，也讓我有所省思，邊撿垃圾時我就邊問他們：「這是台灣的海邊耶，你們為什麼來玩還要撿垃圾呢？」他們說：「地球不就一個，難道環境保育還要分這裡那裡嗎？」

老實講，他們也真把台灣人罵慘了，說台灣的環境保育真的做得不好，他們跟我說曾經在台灣看到開BMW七五〇的人，車窗搖下來，東西「咻」就丟出來了。而德國人就認為這是匪夷所思、天方夜譚的事情。難怪德國鏡報罵台灣人是住在豬舍裡。

台灣雖然很會賺錢，但是生活品質和文化素質還有很大的發展空間，可以賺這種既美化環境又能提升生活品質的EASY MONEY，非常重要的一點是：**全民需要長時間的教育，所以我期望台灣能成為觀光大國，而大家要一起努力。**

2 不景氣，怎麼辦？

想從社會轉型中獲利的風險從來沒有低過。

美國投資之神　華倫巴菲特

利率低，投資機會少

無論景氣好壞，投資都要謹慎小心。

說到民國六十、七十年代，是台灣工業化的起步時期，當時根本沒有所謂的失業，只要你想工作，你就有工作，很多人幾乎都「棄農從工」，種田的花了一生的精力可能還賺不到從事工業投資的百分之十，我的姊姊初中畢業就到工廠去當女工，我的爸爸也放棄種田去當「小工」，那時各地的城市蓋了很多房子，台語又叫「蓋販厝」，農人去搬磚頭當小工，比起種田要好賺多了。

台灣在那時「製造」很多有錢人，大部分做生意都做得很成功，很少有不賺錢的，而且出口貿易也很旺盛，就是從那時開始，有人稱：「台灣錢淹腳目」。工業是當時的主要發展趨勢，住在我們家隔壁的小伙子，小學一畢業就去模具工廠做事，當學徒，作黑手，我讀嘉義高工時，他就已經是有車階級，逢年過節還可以給父母親大紅包。

一陣從「工」熱潮瀰漫在社會的氛圍裡，我家裡五個兄弟，結果四個都讀嘉義高工，因為那時是最賺錢的行業，有些同學們白手起家，創業都賺了很多錢。

但我卻沒有搭到這輛景氣大好的順風車，我買的第一棟房子是廠房，那時候民國七十六年房地產正在狂飆，民國七十七年我和我哥哥就抱著投資的心態去買房地產，記得那個廠房八十幾坪，簽約付頭期款才幾萬元，馬上就有人要來向我們買，一坪再加兩萬元，短短的時間我們總共賺進一百六十幾萬，我和哥哥一人分八十幾萬。那時我和太太才剛結婚，在輔大附近和學生分租房子，一個月要繳兩千五百元的房租，而我們只有五萬元的存款，我的投資心態是：「馬不吃野草，不肥！」，那五萬元的頭期款本來是我太太要生產用的。

現在想起來，投機的年代真的很可怕，賺起來真是不得了，後來我又和哥哥投資新店的一棟大樓，也是沒多久，差不多一、兩個月，總價九百多萬的大樓，才付了幾十萬，又馬上脫手，賺進了三十幾萬，但是那時投機的熱潮已經到達顛峰。後來我又用一百多萬去付房貸的頭期款，貸了很多錢，再把房子抵押借錢去投資股票，等於上了末班車，民國七十九年，台股指數漲到一二六八二點時，成交量創下近三千億的天量，從那時候開始，大盤反轉直下，一路跌到兩千四百多點才停止，現在回想起來，那真是一場災難，當時沒逃的，或來不及逃的，大概都被這場股市墜機空難炸的粉身碎骨，非死即傷。

我的房子拿去做高額抵押，借到的錢全部投資在股票裡，還好我沒做融資，否則老早已經被「扛去種了」，但即便如此，我總共還是虧了五百多萬，當時我在時報上班，太太在私立中學教書，兩份薪水要養父母、兩個小孩，以及付很沉重的房屋貸款，車子又還在分期付款，房子差一點就被拿去拍賣。

記得當時為了省錢，車子不開，改騎摩托車，牛奶不喝，改喝豆漿，買菜要到果菜批發市場，總之有錢一定賺，有差一定兼，有發票一定兌。我們夫妻兩人，為了兌發票，兩人兌到眼珠子都快凸出來了，整晚也兌不到兩百元，但依然天天做著「如果中第一特獎兩百萬要怎麼花的美夢」，夢境很美，但現實很殘酷。那段日子我看不到太太的微笑，一起床也似乎看不到太陽，一早目送兒子被幼稚園老師接走，覺得自己真是做了蠢事，擔心養不起天真活潑的他，擔心扛不起一家的家計。

後來我終於慢慢省吃儉用、努力增加額外收入熬過來了，薪水族要還幾百萬是很難的，但最後還是被我們還光了，記得還清的那天我和太太幾乎相擁而泣，最難忘的事情就是到非凡電視台上班，在銀行裡終於有存款，我一路就是這樣苦過來的，這讓我一方面珍惜現有的一切，一方面也讓我明白，錢是不能亂投資的。

關鍵法則

1不論景氣大好還是大壞，投資機會多還是少，都要很小心，景氣大好要小心搭了末班車，景氣很壞時也別趕著去住套房。

2戰勝債務的最好方法，就是創造財富。

從前的放款利率是十七％，現在的放款利率為四％，看起來，現在借錢投資好像比較划算，至少不用付那麼多的利息。但是真正比較起來，以前投資環境好，沒有人會失業，以十七％利率借錢也許可以賺回二十七％甚至更多，因為那時是經濟起飛時期；而現在投資環境惡劣，沒有好的投資機會，即使以四％利率借到錢，住套房的機率很大，想要投資獲利五％都很難了，更遑論賺錢了。所以有些人以為借四％利息的錢去投資股票，一支漲停就七％，太好賺了，其實這是錯誤的觀念之一。

因此，錢不能亂投資，現在是投資保守的時代，機會少，任何投資都要謹慎。

經濟還能成長多少？

台灣經濟短時間內不會再快速成長，五％以下會是常態。

台灣的經濟接下來沒有辦法像以前一樣快速成長，以前的經濟成長率都在十％，呈兩位數成長，後來變成中度成長，大概五％或六％，自從不景氣席捲全球，變成低度成長，有的時候還會呈現負成長，頂多一％到三％，我認為，以後五％以下會是個常態，要突破五％以上是很難的，有幾個因素：

第一，大家不太容許再有污染性的工業，因為還要花很多錢去防治污染。像大煉鋼廠、石化廠、養豬廠都不准蓋了。

光是核四廠要不要蓋在國內就鬧得滿城風雨，我曾經去看過法國與美國的核能電廠，我們若與他們比，其實要擔心的是他們不是我們，法國總共有七十座，一座完了，歐洲就毀了。

核能電廠有很多核廢料，非核家園我完全同意。但是要建立一個非核家園，國家經濟就要付出更多的成本，沒有核能，那接下來就要火力發電，不是燒煤，就是燒石油，環境污染同樣很嚴重，核能還算是很乾淨的發電。如果說核能很危險，中國大陸就有個大亞灣核能電廠，只要一出事情，臨近的台灣就完蛋了，而且台灣還有核一、核二、核三，其實也不用去反核四，花了那麼多錢最後停蓋，反而賠更多。不過大家要有一個共識，就是核四以後，核能電廠不要再蓋了，這是我的看法。

話說回來，經濟成長五％以下是常態，這是我的判斷。**第一個原因就是人民對環境保護的意識越來越高，台灣不再賺污染環境的錢，就會抑制經濟上的投資**。以前的台灣要蓋個石化廠很容易，可是現在要蓋個石化廠很難，像王永慶的六輕就折衝很久，最後才搬到雲林去。

經濟成長率不會像以前這麼好，可是相對地台灣環境也會變得越來越美麗。

第二個影響經濟成長的因素就是不要命式的賺錢方式會越來越少。以前，我在中國時報跑新聞，中國時報旁邊就有個大理街，那裡有很多賣成衣的地方，台灣很多廉價的成衣都從那裡出來。為什麼說是不要命式的打拚呢？台灣人騎摩托車的技術是一流的，大理街騎摩托車的人通常都是前面放一堆衣服，後面也放一堆衣服，人幾乎坐在衣服上面騎摩托車，看不見人，騎摩托車載貨第一個原因是速度快有效率，第二個是好停車，再來，用貨車載貨還要買發財車、請司機，因此騎摩托車成本可以降很低，從這裡就可以看到，台灣人多拚命，早期的經濟奇蹟，其實都是靠這樣的「打拚」創造出來的，無怪乎以前紅透半邊天的台語歌這樣唱：「三分天注定，七分靠打拚，愛拚才會贏」這麼地深入人心，唱出了台灣的心聲。

全世界摩托車比率最高的就是台灣，平均每兩人就有一台摩托車，再來才是越南，台灣的經濟很多是用摩托車創造出來的，原本要開車或坐捷運的，卻把花時間等車或花錢請司機給省下來，也不用找車位那麼辛苦，騎摩托車實在很方便，但騎摩托車也有壞處，第一是很危險，台灣早期沒有規定要戴安全帽的時候，一年不知道死了多少人，再來，就是摩托車會帶來污染，排氣量很大，台灣有一千多萬輛的摩托車，就帶來了不少廢氣，和交通上的混亂。

關鍵法則

1 環保意識抬頭，經濟成長不容易。
2 人民越來越重視工作與休閒的平衡。
3 不要命式的工作會越來越少。

如果台灣摩托車沒那麼多，環境就會更漂亮，空氣品質會更好，如果公共設施做得好，大眾運輸工具又方便的話，騎摩托車載貨或騎車上班去賺錢的這種方式就會越來越少。大眾捷運正在發展，以摩托車載貨的方式也會被取締，警察一定把你攔下來。早期常看到一輛摩托車載全家四個人，多省時省錢啊，但以後會慢慢變少，因為實在太危險了。

第三，就是大家越來越重視生活品質和健康，想要年輕退休的人也越來越多。在新時代，成功的標誌不僅指利潤和財富的快速積聚，而且還包括平衡——工作與休閒的平衡、工作與家庭的平衡、工作與人性的平衡、工作與自我的平衡。像我去過很多地方，特別是歐洲的瑞士和法國，你會發現，他們有一種迷人的魅力，天沒黑店面就會關，然後全家大小會一起去公園散步，或在家中聚餐，他們雖然早早打烊，但櫥窗的燈都會亮著，他們沒有鐵門，只有玻璃門，裡面一盞燈開著，方便晚上的人能去街上逛一逛，滿足其閒情逸致，讓人們還是能看看櫥窗裡面的擺設和樣品。他們的所得很高，人民也很懂得享受，到了夜晚不會加班。

為了保育環境，擁有好的生活品質，經濟成長會被抑制，「不要命」的打拚方式會更少，從這三件事情來看，台灣經濟成長就不會那麼快速了。

經濟不景氣，企業怎麼辦？

不景氣時代，一味把成本壓低，不是長久之計。

一家企業如果永遠停留在過去，比如說大量生產單一化、規格化的產品，當供給大於需求，就會產生通貨緊縮，近幾年來，全世界都跑到中國大陸去設廠也是造成通貨緊縮的原因之一，歐美國家如美國，亞洲國家如新加坡、香港、南韓和台灣都去大陸投資，大家都看中大陸的土地便宜、人工便宜，廠就越蓋越大，使中國一躍變成世界工廠。

廠商想的是什麼？人工很便宜就開始大量生產，只要把生產成本壓低，就能把全世界的市場吃下來，當每個企業只想到不斷供給的時候，突然之間生產過剩，市場根本沒有這麼大的需求，沒人消費，工廠就留有庫存，剩多了庫存就開始賠錢，賠錢後又開始裁員減薪，造成大量失業勞工和錢難賺，錢一難賺，人民荷包就看得越緊，越不想消費購物，如此惡性循環，即使東西越賣越便宜，還是解決不了問題。

台灣最拚的通常都是降低成本（cost down），很少去考量到要提高生產品質和價值，走永續經營的路線。很多科技業也是一樣，總想把乾毛巾擰出水來，某家生產鍵盤的公司，為了把成本壓低，就到大陸去投資設廠，剛開始，全球電腦市場才起步，一個鍵盤賣八十美元，如今一個賣一美元，幾乎沒有利潤可言。這說明全世界鍵盤需求量有限，假使大約一百萬的市場，可是公司卻生產了五百萬件，雖然大大降低了每一台的成本，但是，由於市場上的需求並沒有這麼多，由於庫存太多，就不賺錢。

當工廠生產過剩，企業開始比成本低，就會產生削價競爭，很多公司變成一種窘境，營業額很大，但是都沒有什麼利潤，等於賺不到錢。當產品削價競爭，做為消費者會期待價格更低，當價格更低的時候，又沒人想消費，這就產生了通貨緊縮的惡性循環。

關鍵法則

通貨緊縮的惡性循環

生產過剩，沒有利潤——壓低成本，削價競爭——沒有錢賺，荷包看緊——物價雖然便宜，但沒有人願意消費。

如何因應

提升品質和技術，走永續經營的路線。

那麼企業應該走什麼路線改善這樣的狀況呢？就是停止繼續的壓低成本，削價競爭，**賺不賺錢主要原因不是來自於把成本降低，而是要看你做的產品有沒有市場利基點，技術有沒有不斷升級再造，產品有沒有推陳出新。**降低成本只能治標卻不能治本，台積電的研發技術在不景氣當中仍不斷地在精進，它的市場利基也不只是研發，還伸了觸角到服務的領域，它服務做為客戶的廠商，不論是曾經合作還是沒有合作過的廠商，都可以進入他們的技術資料庫，去尋找所要的資訊，如果有不懂的地方，台積電還會免費上課。

舉個例子，同樣是筆記型電腦，為什麼其他公司的股價這麼低，而廣達的林百里做得那麼好？廣達的競爭門檻又是什麼？答案就是速度，廣達的速度競爭力已經提升到國外今天下一個單，明天就可以做好的效率，也因此，美國的ＤＥＬＬ（戴爾）電腦隨時向廣達下單，根本沒有庫存。這就叫做速度經濟，它所擁有的市場利基點是效率。

速度經濟並沒有那麼簡單，除了快，還要做得好。機器生產要快才能趕上進度，所能配合的人工要足夠，原物料要隨時準備好，還有一點就是不能生產到有庫存，不能延遲，要JUST IN TIME。這是很不容易的管理，所以廣達的速度、品質、管理和成本控管都是世界一流的，因此才能吸引世界大廠放心地給廣達下單。

今天所訂的貨明天要，明天貨就到，而且品質又好，這就是速度經濟，也是廣達在不景氣中所提升的企業競爭力。

不過，廣達日以繼夜地趕工，賺的還是辛苦錢，很多台灣企業都是一樣。一個國家進不進步，服務業佔很大的比例，發達的工業國家，觀光的錢可真是不能少賺。

為什麼說台灣人賺錢辛苦呢？就是台灣人靠著吃苦耐勞打拚的精神，接的多半是美國、日本、歐洲來的「代工」訂單，做代工，言下之意就是幫別家公司製造產品，利潤很固定，因為品牌是別人的，市場也掌控在別人手中，當國外說明天交貨，工廠只能連夜加班，然後完成工作。台灣企業多半走代工路線，競爭激烈，一家不做，沒關係，還有別家做，國外買主把台灣代工廠吃得死死的，賺這樣的錢實在很辛苦。

當然，就是美國、日本或歐洲這些研發的工業大國如此壓榨台灣，台灣才能發展出這樣的競爭力來，全世界實在沒有一個國家像台灣一樣，說明天交貨，馬上就可以交出來，而且又好又快，這就是台灣的競爭力。所以台灣在世界上佔有一個很重要的位置，整個世界科技產業就是一個supply chain（供應鍊），一環接一環，如果台灣這個環節沒有了，這個鍊就會斷了，就這個角度來看，美國還真禁不起中共來打台灣呢，中共如果打台灣，美國股市可要連跌好多天，而且好長一段時間經濟是會接不起來的。

所以我覺得台灣要發展，技術一定要往上走，絕不能往降低成本、大量製造和代工路線的道路走。即便是台灣工廠設在中國大陸，用它便宜的土地、廉價的勞工和優惠的政策，其實是可行的。重點是台灣屬於高階的技術，而中國大陸是低階的技術，台灣要朝世界總部的路去走，才能在國際上不斷地提升競爭優勢。

關鍵法則

在這裡，企業因應不景氣有以下原則：

第一，看緊你的金庫，減少不必要的開支是基本原則，裁了冗員還是必要的，企業生產的成本要降低。

第二，避免生產過剩，生產過剩是通貨緊縮的主因，每一項產品都盡量不要有庫存，評估好再投資生產，要知道，庫存越少，對企業越有利。

第三，持續提升競爭力，因應不景氣，不能一味地降低成本、削價競爭，發展企業獨特的產品是當務之急，因為獨有的市場利基和提高銷售價格也會帶來契機。

第四，運用高科技如網際網路的技術，降低企業內部上下聯繫、外部資訊供應鍊所需的成本。

第五，走向國際市場，眼光要放遠，評估海外的商機，擴大企業產品的市場。

第六，切忌經常性地跨業投資，要專注本業，建立品牌，別三天兩頭換產品。

第七，服務至上，如果你能深入消費者的心，即使你的產品貴了一些，但是有價值，人們就會願意購買，而且會多次購買。

第八，準備好因應策略，當危機來臨時，要怎麼處理是很重要的，因為你永遠不知道明天還會發生什麼事。

個人怎麼因應通貨緊縮？

個人和企業的道理是一樣的，面臨不景氣，提升自己的競爭力是最佳因應之道。

通貨緊縮起因是生產過剩，所帶來的結果是物價下跌，收入隨之減少，人們亦不敢花錢。日本，通貨緊縮已經長達十幾年，而且越來越嚴重，日本政府曾經發「消費券」，消費券是每個家庭大概發折合台幣兩萬塊的錢，以此來鼓勵消費，可是日本人把原本要花的錢存起來，然後把消費券花掉，因此此項措施根本沒有達到促進消費的效果。所以通貨緊縮的問題，不是個人或政府可以努力的，那是經濟上一次自然的生態性調整，需要時間。

企業要停止削價競爭，朝提升技術和品質路線走，那個人呢？首先就是要看緊荷包，不該花的錢就不要花，把錢當成重要的資本，我曾經在News98「財經起床號」的節目上預測了幾件事情：

第一，就是經濟成長率會維持在低度成長，高度成長已經很難。

第二，工作的薪水普遍會降低，員工會被減薪。而減薪是多元型態的，比如大學畢業的薪水起薪會變得很低。而我的朋友在台塑當主管，所謂的減薪就是年終獎金減發。還有的是加班費不給，這都是變相減薪，工作量增加，但是薪水卻沒有變。

我有一個朋友更誇張的是原本在汽車廠做事，本來一個禮拜上班五天半，後來改成工作五天，最後變成工作四天，聽起來多一天假日真是不錯，但其實是來四天給四天薪水，薪資是用「工時算的」。

企業產品賣不出去，公司賺不到錢，員工也領不到錢，大家就開始捨不得花錢，使物價越來越低，現在有很多三十九、四十九元的便當，這個就是指標，當基本民生必需品都在削價競爭時，有營業額沒有利潤，為了要生存，員工薪水就要降，企業一定得盡全力拚下去。

過度的節儉，會壓抑自己對美好生活的追求，從而降低生活品質。不景氣的年代，很多人認為節流是一件很重要的事，可是再怎麼省也只是省那一、兩萬塊錢，其實錢是生活品質最重要的來源，破壞了生活品質而拚命省錢，錙銖計較很不值得，能省多少呢？面臨通貨緊縮時期想要變有錢，千萬不能靠省，這不是說可以隨便亂花錢，我要強調的是：**開源永遠比節流重要**。如果不景氣你還能找到更多額外的收入，去多賺個五萬塊，累積財富的速度比省錢就快多了，那才是正確的理財觀念。

台灣與德國、日本、香港，這四個地方是通貨緊縮最嚴重的地方，所以每個人都要有因應通貨緊縮的準備。

關鍵法則

個人如何因應通貨緊縮

第一，還是要少花費，不該花的錢盡量少花。

第二，不用信用卡，利率太高，而且這種先買後付款的方式會增加消費，花錢不痛不癢，用現金，能幫你節約。

第三，耐心一點，買得越慢越划算。

第四，盡量多儲蓄。儲蓄的方式是每個月要將你收入的一部分如設定十%，存起來。以防不時之需。

第五，記住開源比節流重要，不能亂花錢，但是過度節儉卻會降低生活品質。

第六，用儲蓄的本金去投資，投資一定要謹慎小心，股票是個好機會，最好是一年一次，看準再買。

第七，不斷地提升自己的競爭力，創業打拚。

第八，如果還有多餘的時間，就積極去找尋增加你收入的來源。

我不用信用卡

使用刷卡消費的人今天購買的東西，必須由未來所得支付，但未來所得不一定會如計畫出現。

說真的，我有好幾年都沒有用過信用卡，一來信用卡只會增加不必要的消費，二來信用卡是社會控制的一環，還有一點就是用信用卡的風險太高。

我不太喜歡被人家知道自己的隱私，比方說你去高雄買了一個東西，花了一筆消費，是會被記錄下來的。政府或金融機構只要打你的卡號，馬上就會知道你在那裡？花了多少錢？這就是社會控制，而且是一種個人資料的控制。

在美國，案件之所以能偵破，很多都是靠信用卡的資訊。假使警方要抓一個歹徒，就會追蹤某些信用卡所消費的物品或日期，找疑點來破案，所以，美國是個人控制很強的社會。

這是其中一個原因，**再來就是信用卡消費的成本太高，還常常會花一些不該花的錢**。因為信用卡是塑膠貨幣，很容易擴張信用，頂多在月底總結一次，花錢時根本不會心痛，平常用現金，花錢時就會比較節制一點。而且循環利率太高了，先消費後付款的制度，到月底很容易會發現入不敷出，沒錢繳卡費，這時候所要付出的利息就會很高，不但不能省錢，反而增加了購物成本，現在一年期存款利息才一・五%左右，但是信用卡利息是十五%到二十%，是成本很高的交易工具。

此外，信用卡消費很不安全，有偽造的卡、盜刷的卡，消費風險很大，很多犯罪集團就是用別人的信用卡作為犯罪工具。我曾經有過很多信用卡，因為我和銀行的人熟，他們會送我金卡或白金卡，人家送我也不好意思拒絕，但是我用了一段時間真的發現實在很危險。比如去買東西的時候，都要緊盯著小姐以避免盜錄，盜刷信用卡的燒錄器只是一個火柴盒那麼小，而且通常裝在腰間，根本看不到，卡一刷你的卡號密碼就馬上被COPY下來。特別是現在盜刷已經走向集團化經營，犯罪集團讓很多加油站的工讀生盜刷信用卡，每賣一個卡號就抽佣金五百元，手法是既專業又難防。

其實立法委員應該要把「騙」的刑責加重，台灣搶劫判很重，至少十幾年以上，可是騙案最高刑度，第一次判三年，第二次判五年，而這些詐騙集團每一次至少都騙幾十億，影響多少家庭才可惡。台灣的騙案現在有多少？一年據說是騙一千多億，後面有專門的詐騙集團，盜刷信用卡就是其一，然後再叫小弟去領錢，一天提兩萬，一天五張卡就可以領到十萬，抓到頂多判幾年刑，而且抓到的都是小弟而已，幕後老大都逍遙法外。

我信用卡最多的時候有六張金卡，但是現在一張都沒有。這對我一點也不會造成困擾，我身上都會帶點現金，如果真要用很大筆的錢，說實在的，現在提款機那麼多，直接領錢就好了，要不然就用匯款轉帳的，很方便。

關鍵法則

不用信用卡

1避免多餘的花費和高額的利息。

2是社會控制的一環。

3盜刷的卡太多，風險太大。

國內做消費金融最賺錢的就是信用卡，因為循環利息很高，所以很有賺頭，現在有一個現象是父母親不會理財的就把錢存在銀行，生一年一・五%的利息，而他們的兒女們用信用卡二十%的利息借錢，先把卡刷爆，然後再由父母去把錢繳清，這樣用信用卡的方式，當然家庭的錢就會越來越少，這是很不明智的。

還有一點，現在討債公司都幫信用卡公司催了不少呆帳，有個年輕人才二十出頭，二十幾張信用卡加起來，就負債上百萬，以前信用卡真是被倒帳很多，但是現在有討債公司，乾脆把一萬個客戶打包出售，討債公司有高額佣金可收，債就輕易追回來了。討債公司怎麼做呢？先用法院申告，年輕人會很害怕，爸爸媽媽看了通知會嚇一跳，因為人生如果有一次信用紀錄不好，將來貸款會很麻煩，所以父母親通常都知道其嚴重性而幫忙還錢。再來就是耍狠招，以黑道的口吻恐嚇，比如：「十五天內不還就走著瞧。」不然就是派人來找你，很多人被催到快瘋掉。所以說做信用卡是很賺錢的，現在的呆帳也因為這些美其名為資產催收公司（實為討債公司）而少了很多。

我認識一個銀行董事長，他自己也不用信用卡，但他的銀行發信用卡是有名的，他覺得用信用卡問題太多。堂堂銀行董事長都不用信用卡了，可想而知信用卡真沒多大好處。

很多年輕人把信用卡當成是主要的金錢來源，不斷地擴張信用借錢，先買後付來花錢，很多小妹妹會和我說：「鄭大哥，我現在有那麼多信用卡，可不可以告訴我哪一家利息比較低？」或是：「我信用卡刷爆了，怎麼辦？」這說明了現在很多年輕人很沒有理財觀念，過度消費，把未來都用掉了。有一個更誇張的，用一個盒子裝滿信用卡的小伙子，跑來向我秀，我很訝異地說：「你信用卡還真多哩！」他興致勃勃地回答：「這就叫做信用卡管理！」真讓我哭笑不得。

還有那種想要借信用卡的錢去投資的，他們心想，每一家都可以預借現金，一家額度五萬元，十家就可以借五十萬，要是去投資股票，一個月賺三個漲停板，利息就補回去了，其實這些都是很錯誤的理財觀念。

關鍵法則

信用卡理財，是一個謬誤的觀念。

所以，作為一個現代人，真的不需要用信用卡，特別是現在又面臨不景氣、通貨緊縮時代，用信用卡是理財當中不明智的選擇。

第五部

下一代該怎麼走：鄭弘儀談家庭與教育

接受挑戰，才是穩定的開始。無形的價值才是最珍貴的東西。

下一代該怎麼走

- 培養國際的競爭力，從小的教育很重要。
- 新世紀的人才，是多元的，實力勝過一切。
- 學問是死的，懂得運用才會變成活的。
- 越安穩的環境，所帶來的危機越大。
- 養兒當然要防老，這是年輕人應有的回饋觀念。
- 要盡早幫助孩子在儲蓄和財富的議題上建立有助益的信念。
- 錢是不好不壞的東西，有智慧的人處理它才能成為真正的財富。
- 買房子像娶老婆一樣，要的是精神上的價值，而非金錢上的利益。
- 投資之前，要先把握住低負債的原則。
- 家庭是事業的基礎，有親人一同分享喜怒哀樂，才會真正感受到人生的快樂。

1 我們的下一代

舒適的生活常使我們創造力貧乏，而苦難的磨練卻能使之豐富。

美國創造學之父　奧斯本

國際競爭力

培養國際的競爭力，從小的教育很重要。

談到競爭力，由於全球經濟不景氣，加上企業外移大陸，很多人都對台灣很悲觀。我有個醫生朋友的老婆，讀台大研究所，現在在環保署服務，算是社會上的菁英，但是她也經常憂心忡忡，對台灣悲觀得不得了，到我家吃飯時問我：「鄭先生，我小孩要不要送去國外讀書啊？」

由於她的小孩都是在加拿大生的，擁有外國國籍，現在正在台灣唸小學，但看到台灣現在政治上不安定，經濟上又沒前途，她深深害怕小孩留在台灣受教育會沒有發展，所以有送孩子出國讀書的念頭。我沉思了一會兒反問她：「妳怎麼會有這樣的想法呢？妳不覺得妳在台灣的工作和收入都還不錯，讀到台大，老公也在台灣讀到醫學院畢業，現在當醫生，怎麼會那麼沒信心呢？」

這可能是很多擔心台灣未來和子女教育的父母們現在共同之心聲，但把小孩送出國就會成材成器？就不會變壞？就會有競爭力嗎？

人才的競爭實質上是知識和智慧的競爭。其實，不管是處於哪一個環境，哪一個時期，都會有好的人才。**孩子不會因為留在台灣就沒有未來，也不會因為到美國甚或大陸受教育才保證有發展**。很多大企業的總裁或ＣＥＯ（執行長）都是台灣土生土長的孩子，國內的安泰人壽和花旗銀行就有很多沒出國還是能當上經理的人才。現在的資訊很發達，要學習，方法多的是，就怕沒有心而已。

某天我看到ＣＮＮ做了個專題報導，以風雲亞洲人物為題，專訪在台灣創業，白手起家，企業卻做到全球知名品牌的宏碁董事長——施振榮。他是台灣長大的孩子，大學和研究所都是在台灣唸的，從來沒有出國留學過，但是他接受的卻是英文訪問，談吐之間都用英文來回答，雖然他的英文帶有台灣人的腔調，但是他自信的談吐以及有內涵的談話內容，都讓我不禁肅然起敬。

施振榮的例子就是很好的榜樣，也給我們很大的省思，孩子要培養的是什麼？生長的地點絕對不是決定孩子未來的關鍵，重點是如何教育他。

關鍵法則

父母要培養孩子在國際上和社會上的競爭力，智慧和知識才是最大的資產，任何外在的環境，都只是輔助和次要的條件。

從小要培養孩子的競爭力。在國際上，語言是基本溝通的工具，但是學語言的重點還不在於語言本身的使用，而是說出來的語言是否具有內涵，然後能夠溝通，這樣就很夠了。**其次，要給孩子國際觀**。有了國際視野，無論在那個國家，那個地點都能有相同的膽識和遠見，未來面臨的競爭者不是只有台灣本土而已，還有中國、美國、日本甚至全世界。

這樣一來，有什麼好擔心的呢？送出國的小孩不見得就有出息，在美國很多爛到底的學校也是很多的呢！我們要培育的是讓孩子能適應任何環境，並且在任何一個地點都能靠自己的雙手打拚天下的能力，這才是最重要的。

何謂人才？

新世紀的人才，是多元的，實力勝過一切。

我有一個去美國讀華頓（WALTON）學院的朋友，華頓學院是長春藤名校，僅次於哈佛和史丹佛，屬商學院的前三名。華頓出來的高材生，全世界的金融機構都會搶著要，不是用高薪挖角，就是給予最優渥的福利，讀了華頓，下半輩子就不用愁了。

我這個朋友年紀輕輕，五年級後段班，現在在外商銀行當總裁，後來又被調到英國倫敦工作。他從華頓剛畢業的時候，就有不少知名企業爭相延攬他，有一天，他收到美國數一數二的頂尖銀行——第一波士頓（FIRST BOSTON）銀行的面試通知，這家銀行希望他能去當儲備幹部，能去面試的人都算是菁英中的菁英了。

過沒幾天他去參加面試，沒想到這家銀行的INTERVIEW（面試）竟然要一個禮拜，我還真是頭一次聽到，這讓我覺得很新奇。原來，這家銀行每天都安排不同的人和地點來「測試」我這個朋友。

面談的第一天，是星期一的一大早，銀行把他丟給人事部經理去做面談，人事部經理二話不說就叫他寫幾張美國的公文來看看，比如叫他寫給分公司的經理，或寫給公平交易委員會，以及寫一般的人事公文等，這可是難倒他了，他活到現在，還真沒寫過公文，而且還是英文的公文！

一大早才忙完，星期一下午又到市場開發部經理那兒去闖蕩，這位經理要他寫一些大型的計畫案，比如亞洲和歐洲市場要怎麼開發等問題，很明顯的，這家銀行要的是具有國際觀的人，好在他在學校所學的還有點用處。

累了一天，隔天一清早，又到企畫部經理辦公室報到，經理沒叫他做什麼，他心裡暗自高興，這下總算鬆了一口氣，沒想到這位經理心血來潮，叫他講笑話給大家聽，他當時真不知道該講些什麼好？一時之間哪擠得出笑話？於是就隨便說了幾個「冷」笑話帶過。

好戲還在後頭！這天下午，他被丟到大馬路上去推銷信用卡，這個主管很兇的，嚴厲地和他說：「給我衝業績，看看你有沒有第一線的能力。」於是他在烈日高照下跑了一整天，用盡三吋不爛之舌，還好有一些客戶上門。

到了週末，竟然還要面試，這時候他真想回家休息睡一大覺，但他還是咬緊牙關繼續「面試」下去，原來這次要他們打高爾夫球，看看前面幾個一同面試的人，有的已經撐不下去索性不來了，來的這幾個，也沒人真的打過，他自己更是一輩子都沒碰過高爾夫球桿，頂多看看電視轉播比賽而已。這時候帶領他們的主管看大家一臉茫然，只好用聊天的方式告訴他們：「高爾夫是金融圈的主流運動，是讓企業家們經常聚在一起閒聊談生意的社交活動，如果不會，就等於不會SOCIAL！」由於企業家和大老闆們常常會在餐桌上講一些有關高爾夫球的話題，比方說幾碼用幾號鐵桿，也喜歡談談世界級的名將，每個球場的特色等，意思是說，會打高爾夫球才能被人認同，才能切入話題。為此，我這位朋友後來還開始勤練打高爾夫球，現在打得也還不賴。

關鍵法則

懂得**Social**（社交），才會被人認同，與人建立友善的關係。

還沒完呢！星期天繼續叫他出來玩雙帆船，美國人很喜歡乘風破浪的感覺，雙帆船是他們熱愛的一項運動，這可苦了他了，別說是玩，這次他連電視上都沒看過，但是冒險和刺激是他的本性，他也就這樣玩了一整天。星期日晚上，算是整個面試終了的最後一道關卡，銀行邀他們大夥去參加很悠閒的葡萄美酒品嚐會，講到「喝酒」，男人個個都能盡興，但是一去到那裡，考題又來了，面試官很破壞氣氛，正經八百地問著大家：「這個杯子口很小，為什麼？」其實答案就是不讓酒氣跑出來。「這酒要怎麼品嚐啊？要品嚐出什麼味道呢？」答案是葡萄酒一般都是用舌尖兩邊來嚐，苦味不能跑到舌根去，就這樣一問一答過了一個滿是葡萄酒問題的晚上。

這場面試讓他體驗了不少，也讓我思考了何謂人才的問題。由於這家銀行知道華頓畢業的讀書都很厲害，頭腦也很聰明，於是就開始考他們的潛力、工作態度、學習精神、創意、耐力和毅力，以及社交能力，甚至是不怕困難、冒險犯難的精神。

某財團的幾個兒子都是華頓畢業的學生，當幾個兒子要去讀書時，父親都會和他的兒子們說：「你去華頓不是讀書，不是去學財務報表，而是要去交朋友，把聚集在華頓的全世界菁英們都當成朋友，將來有問題都可以請教他們。」這時候去華頓讀書的目的已經不是繼續深造，而是要累積菁英界、企業界的廣泛人脈了。

因此，在未來，人才是全方位的，是多元的。記住，要抓住任何可以學習的機會，因為你不知道哪一天會用得到。

關鍵法則
不斷地學習成長，自我充實，才跟得上時代的腳步。

實力勝過學歷

學問是死的，懂得運用才會變成活的。

台灣有很多人在死讀書，讓孩子變成了考試的機器。

美國的高露潔牙膏，為了增加銷量成長十%，公司裡的人想破腦袋也想不出來好的方案，於是高露潔牙膏就提供了一百萬美金的獎賞，向美國各地徵求方法，若被錄用，就獲得這筆款項。

回來的信件不是建議強力打促銷廣告，就是找牙齒白晰的明星來代言，這些招術其實都用過了，沒什麼效果。後來，有個大學生，得到了這筆獎賞，他寄去了一個很有創意的稿件，就是建議把高露潔擠牙膏的洞口巧妙地擴大十%，不讓消費者發現，每個人每天就會多用了一點，銷量不就增加了嗎？這可是有創意又有效的答案，說明了有創意，也不怕沒飯吃，這位出奇招的大學生也確實是個創意與行銷人才！

關鍵法則
人人都能想到的事情不稀奇，只有你能想到的事就有價值。

曾經，中國時報為了提升報紙的寫作水準，雇用了兩個博士來跑新聞，可是這兩個博士做兩個月就跑了，不是錢太少，也不是程度不夠，而是寫的東西和社會脫節，寫出來的文章像是在寫論文，不符合大眾的口味，後來採訪主任是一個頭兩個大，只好再另外想辦法。

其實，學歷很低，新聞跑得嚇嚇叫的例子很多，有個中正高中畢業的年輕小伙子，社會新聞總是跑第一，跑獨家，同時內容也很有深度，他跑第一名的關鍵就是身段放得下，每天都去警察局報到，和警察們聊天打屁混得很熟，加上有足夠的新聞敏銳度和社會責任感，於是他的新聞是跑得既獨到又有水準。

這個高中畢業的年輕人就是人才，他在新聞領域有自己獨到的工作哲學，社交能力又好，當然他就受到報社的重視。

在美國，念到博士的人，多半是立志要去當教授或走學術研究的路線，學歷並不是最重要的，很多人大學沒畢業就去從商或創業，後來都有不錯的發展，**因此，學歷和成就絕對是兩回事**。

所以，人才是多面向的，端看你在哪個行業？做什麼事情？有什麼人才特質？而你有沒有掌握這樣的成功關鍵而已。

這幾年，中國淘金熱，很多人一窩蜂送孩子去中國大陸求學，就是一種盲目跟風的作法。如果你是做父母的，給孩子一條自由的路，讓他去選擇，主動積極的去探索，放下心，孩子自然會找到一條屬於自己的那條路。

接受挑戰，到哪裡都有飯吃

越安穩的環境，所帶來的危機越大，接受挑戰，才有更多的機會。

「不怕挑戰，一輩子都有飯吃！」**越是看起來安穩的環境，越是有危機**。很多父母會鼓勵下一代去考公家機關當公務員，我可要說：「未來，公家飯碗可不保。」只有離開安逸的環境，從事令自己恐懼又有挑戰的事業，才有不斷成長的機會，有成長，自然就不會失去競爭力。

民國七十六年，我考進台灣新生報當記者，因為這家報社是省營事業，一些台灣新生報的前輩一邊跑新聞，一邊還可以做生意兼差，賺兩份收入，很多人覺得：「反正是公家報紙，清閒的很！」

民國七十七年三月，台灣報禁剛解除，中時晚報創刊，報業競爭非常激烈，我轉到中時晚報跑新聞，薪水從新生報的一萬八千元增為兩萬五千元，但壓力大了許多，漏新聞要被檢討不談，晚上又常寫新聞寫到半夜兩、三點，太太也跟著我受苦。

當時一位新生報的前輩遇到我太太，就說：「弘儀啊，就是想求好心切，何必呢？在新生報又有保障，又沒壓力，又可以兼差，多好。」言下之意是我自討苦吃，自找麻煩。

結果今天的新生報和中華日報以及中央日報整併，裁員不可避免，如果當初我沒換跑道，四十幾歲的我就會處於要上不上，要下不下的尷尬階段，而那位新生報記者聽說是新聞沒跑好，生意也沒做好，怕是要兩頭都落空。

過去十年，全球的企業競爭激烈，不要說國營事業不保，連國家都保護不了你，國營事業裁得裁，倒得倒，例如台機、中船、高雄硫酸亞、台汽、中興紙業都是面臨這樣的窘境。以前的中船，員工總共五千人，瘋狂大裁員後現在只剩下兩千多人，差不多裁了一半，能留下來的人薪水也減薪三十五％，原來一個月七萬，後來剩四萬二。

現今，國營獨佔事業如台電、中油和中華電信的日子恐怕也不好過了。我有個親戚二十歲就考上電信特考，那時候是民國六十幾年，考上電信局算是很風光，因為薪水很高，月薪是一個國小老師收入的三倍，一個月約四千多塊，又享有公務員的福利。加上電信業在我們嘉義的鄉下地方是有面子有地位的工作，連我都很想去考，又屬於科技產業，在台灣錄取率很低，只有一％，我的親戚考上以後很高興，當時很多親朋好友都來慶祝一番。

二十年過去了，我這位親戚現在是四十八歲，電信局從高薪的公務員，由唯一壟斷的國營事業——中華電信，面對和信電信、台灣大哥大、遠傳等民營業者的激烈競爭，薪水漸漸被國小老師趕上，幹了一輩子，月入才七萬元，房子被「九二一」地震震裂了也不能搬，一輛喜美一開就是十幾年。

慘的是，中華電信約兩年後要民營化，變成一個民營公司，不再接受國家和公營事業的保障，這時候必然帶來新一波的裁員及減薪，使得我這位親戚深怕被裁員，我鼓勵他跳槽到民營業者，結果他說怕自己沒有競爭力，被社會淘汰。

「私」有化的自由經濟是全世界的一個潮流和趨勢，這就是為什麼吃大鍋飯的共產主義國家紛紛垮台的原因，蘇聯、東德是最好的例子，而中國大陸則是表面上喊共產主義，實際上執行的是資本主義。北韓和古巴還在苦撐，但是國家卻付出一窮二白的代價。

過去的事不代表未來，如果只是為了一個安穩的工作而去當公務員，那可千萬別去，想安穩一輩子，剛好會一輩子不安穩。就像我親戚一樣，其實他當時能考上電信局表示他的頭腦很好很聰明，一百個才錄取一個。但是為什麼現在要民營化令他感到很害怕呢？就是因為公家機關「多做多錯、少做少錯、不做不錯」的慵懶環境所造成的。

我親戚說他二十年來，都過著很悠閒的生活，早上睡到快八點才起來，趕八點上班都還來得及。到公司以後，九點開始看報紙，反正主管也當沒看見，十一點同事們就開始吃便當，吃飽飯再睡個午覺，差不多都睡到兩、三點才起來，五點鐘一到，大家都準時下班。多好，標準「錢多、事少、離家近」的工作。正因為工作太過於安穩，沒什麼挑戰，仗著有政府保障，所以一旦危機來了，誰也來不及反應。

很難想像，我一天結結實實地工作十二個小時，哪有什麼午覺可以睡！我親戚就會跟我說：「沒睡午覺？還真難過，我很早就回家吃晚飯了，而且晚上也不太能熬夜。」我親戚現在有三個小孩，太太又沒在上班，一個人要養家活口，要存退休金，哪有辦法一下子承擔被減薪甚至是裁員的壓力，說真的，要換工作也不好找。如果人生可以重來，他說他絕對不會再捧鐵飯碗了。

關鍵法則

接受挑戰：安穩

每天上戰場，接受新的挑戰，面對新的環境，當然知道怎麼打仗才會贏，所以一旦危機來了，根本不會害怕。

害怕挑戰：危機

人是習慣的動物，一旦好日子過慣了，很難再回頭去過那種每天有挑戰、有壓力的生活，一旦危機來了，就不知道怎麼面對。

另一個故事也有省思作用，我高中是讀嘉義高工機工科，當時嘉工機工科和中油有建教合作，只要高三成績在全班前幾名的都有資格參加「成為中油加油工，月入一萬八」的甄選。民國六十九年的一萬八千元比高中老師的月薪還要高，更何況才高職畢業，二十歲不到就能領這個薪水是一件很令人驕傲的事，所以大部分符合資格的同學都參加甄選，也幾乎都上了。我深刻記得嘉工教務主任，在週一朝會陸續唱名入選的同學上升旗台接受全校師生鼓掌恭賀時的景象，我因為成績沒那麼好，不能參加甄選，所以留在台下拍手，一方面極羨慕在台上的同學一畢業就有一個高薪又有終生保障的穩當工作，一方面也覺得很丟臉沒能上台，心想人生前途何去何從，渺茫未知，悲從中來。

二十年後的一個暑假，我帶全家回南部老家度假，不巧在加油站加油的時候，為我加油的就是我二十年未見的嘉工同學，他頭髮半白，做了一個幾十年都沒有變動的工作——加油。這使得我想到羅傑・弗爾克（Roger Folk）的名言：「**有許多照理應該有十年經驗的人，其實他們只擁有一年經驗的十次重複而已。**」

我同學頗為懊惱二十年前的選擇，深深體會「男怕入錯行，女怕嫁錯郎」這句話的意思，聽起來有些悲淒。我鼓勵他轉行，他說：「我能做什麼呢？」

孩子的教育也是同樣的道理，父母如果總是跟在孩子旁邊，幫他擦汗、穿衣、餵飯，那這個孩子就別提會有什麼未來，孩子就像大人一樣，要接受挑戰，要粗養，即使摔倒了也不用怕，拍拍屁股再站起來就好了。

我從電視上常常看到很多人因為不景氣，紛紛擠破頭去考公務員資格，上千上萬人報名，有的還去考小學畢業就能考的清潔隊員，考試很磨人，專科生、大學生甚至碩士的應試者扛二十多公斤的沙包，來回跑好幾公尺，記者用麥克風問他們：「你為什麼來考？」而這些學歷不錯的人回答：「因為公家機關有保障，一個月兩萬八。」我感嘆的不是考清潔隊員這檔事，而是這些人的教育出了什麼問題？父母親花了那麼多心血培育出來的大學生甚至碩士，竟然與國中、國小畢業的人去搶這口飯吃，是如此害怕承受壓力，害怕接受挑戰，只想在自認為很安穩的環境中生存。

國營事業一定會民營化，共產主義一定會垮台，原因就在於私有競爭才符合人的本性。以前公家機關的工作是人人稱羨的鐵飯碗，現在由於全世界的潮流是自由競爭，所以只有「拚」才有機會。已經下市的國營事業「台機」，股價一度大漲到七、八百塊，如今安在？現在的中油，政府只要一開放它就麻煩了，因為中油被政府養太久，失去了競爭力，更何況還有一家實力堅強的台塑會與它競爭。

這如同一家企業要是冗員很多，做事情的人很少，公司就很難有改革有進步，很快就會面臨危機。特別是靠政治的關係，根本沒有在經營的企業，朱安雄當監委，吳德美當立委，但是安鋒集團好？王玉雲的兒子王志雄、王世雄當過立委，但中興銀行好？陳由豪和李登輝很近，但東帝士好？翁大銘當過立委，但華隆股價高？可舉的例子，實在是太多了。

過去我跑新聞十多年，如果一家公司來接待我的人是退役軍人或政府高官，我對這種公司向來都不看好，因為靠關係經營的公司通常很快就掛了。

反倒是家族沒有立委的事業就經營得很好，台塑王永慶、鴻海郭台銘、台積電張忠謀，這些企業靠的是專業經營，不靠政治和關係。若有了靠別人吃飯的想法，就等著失去競爭力而被社會淘汰，靠父母、靠朋友、靠公家機關都是一樣的道理。

這讓我想起ＩＢＭ創始人沃森說過的一句名言：「想在我們公司出人頭地的人，必須累積錯誤。」**意味著只有接受挑戰，累積經驗，一個人才有更大的進步。**如果你很少犯錯，**表示你的環境過於安穩，所冒的險還不夠多。**

腦袋是越磨越靈光，人是越用越值錢，安穩會帶來危機，挑戰才會帶來穩定，專注本業的成長與充實，才能到哪裡都有飯吃。

關鍵法則

1想要安穩，就會帶來不安穩。

2若只想要躲在一個保護傘下，享受固定的待遇，從此過一輩子，就等於在製造自己的危機。

3隨時接受挑戰，承受壓力的人，永遠都不會被淘汰。

2 成功背後

二十世紀末，人們將不得不重新思考人類真正的永恆問題——如何利用工作以外的自由與閒暇，過美麗幸福的生活；到那時，金錢將不再成為問題，代之而起的是如何睿智地用新發現的閒暇，追求快樂的生活。

經濟學家　凱因斯

養兒要不要防老？

養兒當然要防老，這是年輕人應有的回饋觀念。

有些話我常講給許多人聽，養兒也許不能防老，但是要從現在開始灌輸孩子「養兒就是要防老」的觀念。

我經常告訴我的兒子和女兒：「養了你們這麼久，將來你們要回頭來養我和媽媽，爸媽辛苦付出這麼多，連動物都知道要反哺，回饋孝順是應該的。」

聽起來我的觀念很傳統，雖然我認為小孩子以後不一定能養父母，更何況以後的環境不知道會怎麼變化，也許生存更艱難，年輕人口會越來越少，老年人口會越來越多，但是**給予老人家精神上的快樂及金錢上的支助都很重要**。

很多婆媳之間的相處是有問題的，與父母們住在一起，有時候大家因為互相遷就對方而變得很辛苦，住在一起與否，最重要的是開心，如果沒有住在一起，至少，一個月撥空幾次看看父母親，這是我對自己的基本要求！養父母並不只意味著給予金錢，帶父母親與孩子們一起去戶外走一走，吃頓飯，多和他們聊聊天，老人家就會覺得很安慰，很高興的。

新世紀的觀念太過於強調養兒不能防老，我實在很難認同，想想爸媽花了多少心力和時間，從小的時候把屎把尿，和半夜起來餵奶，當孩子哭啼吵鬧時，父母是不分晝夜的撫慰，一直到孩子長大後，父母關心孩子們的一切，打點好食衣住行之外，還要辛苦賺錢養家，不求回報的付出，父母是很偉大的。

在養小孩的過程中，我一路感受了很多驚奇和喜悅，兩個小蘿蔔頭讀幼稚園之前很好玩，很可愛，每當看到他們天真無邪的微笑，工作怎麼辛苦怎麼累，都會一下子拋到九霄雲外。孩子上了小學以後，就變成愛嘀嘀咕咕說話的小傢伙，一些出其不意的想法和童稚般的話語，雖然聽起來常讓我和太太哭笑不得，卻也引發了我們的赤子之心，與孩子玩耍聊天的時光成了遠離複雜社會現實的天堂。到了青春期，孩子長大了，大兒子變成愛玩音樂的叛逆小伙子，小女兒則搖身一變成了清新脫俗的大女孩，一路走來，看著孩子不同階段的成長，我和太太是如同感受一場最精彩的人生體驗。

如果，父母親養育子女的恩情是這麼深，那「不需要飲水思源」或「不用回報」的觀念是不能被推動的。人是感情的動物，親情更是互相扶持陪伴的精神支柱來源，對於慢慢年邁的父母親而言，養兒不能防老是多麼殘忍的觀念。若是孩子不懂得回饋的心，這樣一來，孩子的價值觀裡面，就會不知道要去珍惜和回饋那些曾經幫助過他們的人。

關鍵法則

給孩子回饋的觀念，讓他感受父母的辛勞，讓他懂得珍惜所擁有的一切。

不過，做父母的倒不是抱著要給孩子養的心態，而是要對小孩灌輸反哺、回饋和珍惜的觀念。

美國的家庭，孩子十八歲以後就會打工讀書，自立更生，所以美國的老年人，就天經地義地認為自己應該搬去養老院住，讓孩子獨立生活。相反地，中國文化的傳統重視家庭和親情倫理的關係，其精神是不能抹煞的，中國父母對孩子的照顧是無微不至，不論幾歲，甚至到結婚生子都還是很關心子女的一切，想想如果我們現在不理父母親，將來孩子可能也不會理我們，那是情何以堪！因此，我們不能一味的複製美國社會的觀念，但是也不需要抱著依靠孩子的心態，中國人不是常講中庸之道嗎？既然是這樣，何妨學一點西方國家獨立自主的精神，再融入一點中國人的孝道文化，讓孩子獨立，也給孩子飲水思源的觀念。給了孩子空間，就等於給自己空間。畢竟，人終究還是要靠自己，是否幸福快樂都掌握在自己的手上。

關鍵法則

1孩子懂得回饋，自然不會自私自利，會珍惜他的一切，幫助他人。

2父母懂得放手，自己開創一片天空，就掌握了自己的幸福和快樂。

教孩子釣魚

要盡早幫助孩子在儲蓄和財富的議題上建立有助益的信念。

現在大部分的人賺的錢都留給小孩，我看過太多的例子包括財團、親朋好友的家庭和鄰居等，財產留給小孩所發生的人倫悲劇太多了，小則兄弟鬩牆或者是父子不合，大則是打架、威脅恐嚇，甚至砍殺。

我鄰居的一位老先生生病住院，膝下有四個兒子，老先生心想可能活不久了，就寫遺囑要把土地分給他們，結果，四個兒子認為分得不公平，竟然在醫院裡面為了財產打起架來，氣到老爸差點斷氣，那場面弄得很難看，最後還互相控告鬧上法院。

其實這位老先生的家產算不上多，總共不超過一千萬，四個兒子都是一般公務員和上班族，其中他的二兒子是農夫，一輩子積蓄才一百多萬，由於和親兄弟打官司，把錢都送給了律師，財產卻沒有多爭到一分一毛，想想才不過一、兩百萬的財產，竟讓從小一起長大的手足反目成仇，實在令人替老先生感嘆。

大企業集團的家族大爭家產的人更多，大集團的財產動輒十億、百億，分起家產一個人少說也有好幾億，一輩子好好過其實很夠用了，但是卻見很多親兄弟在公眾場合裡毫不顧形象的打起架來，甚至有的集團還因為兄弟內鬨而差點倒閉。

財產留給小孩，真的是好事情嗎？只給小孩魚吃，卻不去教他怎麼釣魚，這會使孩子只懂得「要錢」，而不會處理錢財的問題，錢對他們而言，只是消費的工具，換句話說，是害了他們。

我常和我的小孩說：「爸爸的財產絕對不會留給你，將來，你要靠自己的能力生存，靠自己的理財觀念去養老！」這就是金錢上的教育，孩子們自然就會有危機感，有得靠自己打拚的態度。

要讓孩子知道，唯有自己有競爭力，才是最大的資產，我會在適當的時機告訴他們說：「在你們求學的過程，所有的文化支出都是老爸付錢，要買什麼書，要學習什麼都可以，我都會付錢，負責到你們碩士畢業，從小到大花了這麼多心血培育你們，現在你們最大的財產就是自己的『競爭力』，至於老爸存下的積蓄是和媽媽的退休金。」

我有一個朋友，聰明又有自己的主見，他和我說了他親身的故事，是這樣的，他在高中的時候想要買摩托車，可是老爸卻說騎摩托車太危險，於是他向朋友借錢，好不容易湊了四萬塊瞞著他老爸買了一輛摩托車。有天，不幸的事情發生了，他騎車時由於車速太快，一個不小心把別的騎士撞成重傷，一賠就是幾十萬，新買的摩托車也毀了。後來他爸爸知道此事，生氣極了，但同時也瞭解到事情的嚴重性，二話不說馬上拿了六十萬去賠給那位被撞傷的騎士，再拿四萬塊去還他的朋友。

老爸這麼疼孩子，可是卻沒料到，我這個朋友，只要闖禍，就學會把爛攤子丟給老爸去收拾。他現在就有個心態，認為：「我老爸有兩億的財產，我靠他就夠了，何必拚啊？我爸爸的錢遲早都是我的。」

這個年輕人的確被慣壞了，我相信有很多人即使父親有財產，仍然會很拚，但是不可否認的，人性總是愛走最容易的方式來達到目標，更多的人認為靠家裡的金山銀山，就可以過一輩子，打拚做什麼？甚至更糟糕的想法是恨不得老頭子早一點走，我認識某企業家的第二代，就有這種想法。

錢本身不好不壞，沒有智慧的人，錢是個陷阱；有智慧的人，錢就能發揚光大，進一步造福人群。如果孩子在社會上有競爭力，什麼錢財都不用留給他，他自然會用自己的能力和頭腦去賺錢，用正確的理財觀念去以錢生錢，父母其實一點也不用擔心。

這就是教孩子釣魚，而不要給他魚吃的道理。

錢是個陷阱

多餘的財富是上天賜予的禮物，它的擁有者有義務終其一生將它運用在社會上。

美國鋼鐵大王　卡耐基

一個視金錢比生命還重要的人，與其說他擁有財富，不如說財富擁有他。**當上帝要給你一筆財產或權力的時候，不盡然是好的開始**。比方說一個人中了不論是幾千萬還是一億的樂透，對中獎的人而言，是挑戰的開始，錢從天上無端地掉下來，還要看他有沒有足夠的智慧去處理。有些人不會張揚出去，隱姓埋名到某個地方，一輩子過不愁吃穿的生活，這就是聰明人。但是有些人就開始到處去炫耀張揚，買名車洋房，心想老子現在有錢了，工作可以辭掉，整日無所事事，或者把妻子休了，再娶一個年輕的，這就不是聰明人。

俗話說：「財不露白」，錢太招搖有時就會招來危險。

小時候，我有一個一起長大的朋友，那時候我們住鄉下，每一個家庭都有一些田，生活過得很清苦，後來我到台北工作以後，才逐漸與朋友斷了音訊，直到有一天我才聽說，我那同學也到台北來奮鬥，而且賺了幾百萬，還買了房子，但是他並不知足，由於虛榮心作祟，要求他爸爸把土地拿去抵押，買了一台賓士三〇〇，目的就是想到處炫耀他很有錢。

虛榮是人的劣根性之一，有錢人不開賓士，其實是很難得的事情，我有個ＥＭＢＡ的同學，每次上課時都看他背著一個帆布袋來，第一次看到他，根本無法想像他竟然是一個建設公司的老闆，光是一個案子就能賣好幾十億的錢。更令我訝異的是，有一次，他帶我去看內湖、南港、新店、新莊等土地時，竟開一部中古的雅哥（Honda Accord），我就調侃他說：「啊你人生沒什麼意思啦！不開賓士。」他很認真地回答我：「如果我開賓士，老早不在人世了。」

這話一出，我心想這麼嚴重。原來是常常有警察朋友會向他說：「現在有人放話要綁你，你自己要小心點。」這些黑道早就盯著有錢人看，所以即使他很有錢，也很低調。

相反地，別人是要去避免危險，有的人即使沒什麼錢，卻在給自己找危險。我另一個女性朋友，是愛用名牌的消費者，她住在大安路附近，有天回家走小巷子，當時晚上十一點多，突然間，有個歹徒衝出來要搶她的ＬＶ的皮包，她當下拉拉扯扯不想把東西給他，結果在拉扯之間歹徒發現她手上帶著一個勞力士的滿天星，ＬＶ皮包就不搶了，馬上從背後又拿了一把開山刀要砍她，她嚇得想說快沒命了，於是馬上把錶給他。事實上我那位朋友並不是有錢人，她只是想用外在物質條件和人家證明：我很有錢，反而遭來更大的傷害，自此以後，她再也不敢招搖。

關鍵法則

1不要因為虛榮去買一些讓別人眼紅的東西，這是充滿危險的事。
2人生要活得有價值，不是用金錢來衡量的。

我以前訪問肯尼士球拍的老闆，在當時，肯尼士是台灣國際化企業的典範，而且是上市公司，股價飆得高過一百元以上，很難想像賣網球拍可以這麼賺，他一下子財產就暴增到幾十億。

雖然是賺翻了，但還想要賺更多，忽然之間他有了幾十億，就想要替這幾十億找出路，賺更多錢，旁邊很多人獻策，公司一些國外留學回來的ＭＢＡ就向他建議：「老闆，你要投資科技業，未來科技業是明星產業。」後來他真的投資了一家科技公司，還一下子在全球開了二十幾家分公司，砸下不少錢，結果因為沒有妥善規劃，每一家分公司都賠錢，品質有問題，東西也賣不出去，最後只剩美國那家公司，但最後也垮了，垮到現在身無分文，財產還都要被拍賣。

他的幾十億就是這樣胡亂投資，在短短兩三年當中花光光，一毛不剩。他後來回憶起那時候的事情和我說：「那時候，我錢多到不知道要怎麼用！」

錢或權，其實都是一個陷阱。上帝給你的時候，不一定是禮物，有智慧的人才有辦法妥善地處理它，很多人是沒有智慧處理錢的，有些不孝子賠錢到都把老爸的墓拿去拍賣，有些人搞得家庭支離破碎，兄弟之間反目成仇，財產之於他們到底是禮物還是陷阱，只有上帝知道了。

所以，追求金錢雖然是人人的夢想，但有錢的前提是一定要有正確的理財觀念，有相當的智慧去處理才是最重要的。

買個溫馨的小窩

買房子像娶老婆一樣，是精神上的價值，而非金錢上的利益。

房子「租」比「買」便宜，租可能每個月只需付幾千元到一萬元，但是買一間房子卻要付貸款、繳利息，這是很多人所持的觀點。

其實我並不贊成買房子以投資或錢的角度去衡量它，為什麼呢？租房子第一件麻煩事就是當屋主哄抬租金或不再續約把房子租給你時，那你就勢必要再搬家，而搬家是最累人的事。第二，你永遠不會覺得你所租的房子是你的「家」。

曾經有一個大學聯考的英文作文試題，就考了「home」和「house」的區別，home指的是一個有感情、有溫暖的家庭，包含了無形的精神概念，而house單單指的是一間具體的房子。俗話說：「安身立命，成家立業。」也是同樣的道理。家是一個全家的避風港，讓每一顆心不會有漂泊感的地方，假使只是租房子，租個一、兩年你一定不會想要去裝潢它、整修它，讓房子變得更漂亮、更溫馨。

雖然，買房子可能會貴一點，但買「家」就不同了，只要經濟條件許可，我的建議是買一個真正的「家」，一來家庭不需要在漂泊不定的環境中生存，二來是你可以做長遠的家庭財務規劃，三來，你就會開始布置這個家，比如花錢裝潢、種種花草樹木、擺幾幅賞心悅目的畫。

還有，你一定會用心經營與這個家庭每一個成員的關係，無論是家庭遭受任何風吹雨打或是幸福喜悅的事，你都要和這個家過一輩子，與這個家庭一同分享一切。當全家都在一個溫馨快樂的環境中，你就會去計畫未來，可是租房子就很難去計畫未來，也許每個月能幫你省個幾千塊，可是相對來說也會產生很多爭執，搬家問題、交通問題、環境問題等，其實損失是滿大的，雖然很多人會主張買房子是負債，但我卻不這麼認為，**買房子應該是要有「家」的感覺，買的是無形資產**。

民國七十八年，那時候房地產處於狂飆期，買間房子是很貴的，我和太太雖然只是雙薪家庭，還是想著要建立一個溫馨的家庭，因此，我們看了很久，終於在板橋找到一個我們可以負擔且兩個人都很喜歡的房子。那個房子位在台北縣政府的後面，一坪要二十幾萬，共三十坪，總價要六百八十萬，雖然付貸款付得很辛苦，但是我就在那溫馨小窩平安愉快地住了十二年，不管是工作或小孩子就學都很順利，那房子方方正正的，採光也很良好，居家環境很安靜。

太太花了很多心思去布置這個家，經營這個家，裝飾全靠自己ＤＩＹ。鄰居們都誇讚說我們家的窗台是附近最典雅的，所種的花草樹木是最茂盛的；此外，我也去特力屋買地板自己鋪，一方面省錢，找人家鋪要花十七萬元，而自己鋪只需要花六萬元；另一方面，與太太一同為這個愛的小窩努力的感覺，是讓人珍惜和難以忘懷的。

房子賣掉的時候，心裡真是很不捨，雖然我在房地產狂飆期買，在房地產跌落谷底時賣掉，並沒有賺錢，還賠了大約一百萬，但是它已經讓我住十二年，也讓我這十年來都不用擔心搬家的問題，我覺得是值得的。買我們房子的人一毛錢都沒有砍，而仲介商也說它賣那麼多房子，沒見過這麼漂亮的，我們這個小窩因為空氣、露水、採光、通風都很好，花草樹木和盆栽都種得又漂亮又茂盛，仲介還說住這個家一定很旺呢！

想想如果我們當初是租房子，一直搬家肯定會衍生出很多問題，小孩可能要經常轉學，太太上班要不斷地換公車換路線，我們也不會花心思把家布置得這麼溫馨，住得這麼平安順利。

所以，好房子貴一點也沒有關係，假使看上眼了，全家都很喜歡，那就不需要考慮太多，一定要買下來。後來，由於空間的使用不夠，雖然不捨地賣了板橋的房子，我們還是以「喜不喜歡」做為換房子的考量，由於全家都很喜歡鄉下的感覺，於是我們就到三峽、汐止、北投、新店等地方尋找下一個溫馨的窩，最後才三度繞回現在住的地方，搬了新家，那是一個有山有水、有庭院、很安靜的居家環境，再三比較，還是覺得現在的房子是首選。

人們不能將擁有金錢的多少來作為衡量精神價值的唯一尺度。既然「家」是一個逐夢的地方，一個溫馨的避風港，買房子就不能太過於用錢的角度去考量，無形的成本也要考慮進去。其實投資也是一樣的道理，很多人因為投資股票造成兄弟反目、夫妻仳離，都在於投資的看法不同，雖然只有虧一、兩百萬，但是最後卻搞到夫妻離婚，實在是很不划算。做每一件事情時都要考慮無形成本，「家和」才是最重要的。

關鍵法則

1如果要買房子，記得要去爭取一年三十萬的貸款免稅額，比方說貸款利息是四%，借了七百萬，等於一年要支付二十八萬的利息，報稅時就可以把二十八萬的免稅額扣掉。

2關於付房屋貸款，以前存款的利率一年是十二%，放款是十七%，現在存款是一年一・五%，房貸約是三%左右，比較起來，現在貸款的成本雖然很低，但是投資報酬率也很低，所以付房貸其實不能太考慮利率問題，以前付房貸的成本和現在比起來，其實是一樣的道理。所以付房貸的關鍵在於：你的負擔能力有多少？以及實際上你能接受多少負債？有些人認為房屋貸款是拉越高越好，有些人則喜歡盡快把錢還掉，端看個人情況而異。

3如果我們負債累累，只會陷入類似奴隸的情況。投資要行有餘力，盡量不要負債。

家庭是事業的基礎

家庭是事業的基礎，有親人一同分享喜怒哀樂，那才會真正感受到人生的快樂。

家庭是事業的基礎，人沒有一百分的。像我工作這麼忙，其實能陪小孩的時間有限，陪太太的時間也很少，畢竟要先有物質條件的基礎才能繼續生存，家庭和事業要兼顧雖然不容易，**但是家庭是事業的基礎，事業要有親人一同分享，那才會真正感受到人生的快樂**。

很多事情，我通常會先排出優先順序，比方說假日，我就會把家庭聚在一起的時間放第一，能不工作就不工作。此外，就是因為相處的時間少，所以我很重視在一起時的品質，只要我們全家一同出遊時，就一定會聊天，晚上回家時，我太太要去載我兒子，我就會抽出時間和她一起去，去到回家的路程大概一小時，在車上，我就會把握時間和太太、兒子談很多事情。

再來，我一定回家吃晚餐，早餐我太太準備，中餐我帶便當，晚餐回家吃，我覺得和小孩、太太一起吃飯聊天是一天當中最幸福的事情。

有時候我會陪我兒子打籃球，陪我女兒運動。我會盡量把時間排開去陪他們，我相信人與人之間最重要的是真心對待，而不是用錢來打發。像有些人一整天在外面花天酒地，太太一生日送個賓士名車了事，這是很虛假的。**所以感情和親情都一樣，是用「心」經營，而不**

是物質。

記得我剛結婚的時候，我和太太的衝突很多，從一個夢想的愛情世界轉到現實世界，結婚馬上就面對了兩家人的相處問題，以及婆媳問題、妯娌問題、經濟問題、小孩教養問題等，我太太身體不是很好，而我又要工作，幾個這麼重要問題突然之間打擊一對小夫妻，如果沒有好好溝通，去找出一個相互對待的方式，關係就會變得很緊張，特別是兩個人都不夠體諒對方的時候，把積怨放在心裡，很容易造成無法彌補的缺憾，所以溝通很重要。

一路走來的過程中，我能不麻煩別人就不麻煩別人，我一直不願意使用特權。比如有人要借我很低的貸款，但是我幾乎都不接受，人生多欠人一分就要多還一分，所以很多時候我寧願多付出一點。

我從不欠人情，也不會利用特權。建立人脈的用意，其實是要多認識人，多認識人自己才會有成長，而不是要去利用人，交朋友一定要倒過來想，你交的朋友有什麼問題你要幫他解決，因為，你不知道什麼時候需要別人幫忙。

家庭是事業的基礎，這不是什麼了不起的知識，家裡地板髒了我就拖，小孩的澡有空我來洗，家事很多我都會做，一點也不會有怨言。我抱持的心態是，地板你每天踩它，它就是你的兄弟，如果你不理它，它有天就會來傷你，因為地板髒你就會容易滑倒。所以，**人生當中，和你有互動關係的人事物都要好好對待他們，他們就會反過來好好對待你**。夫妻、朋友、父母在社會上都是一樣，凡事心存善念，快樂地對待身邊的每一物、每一事，你身邊的人也會開心。

很多人家裡設佛堂，但是真正的佛在每個人心中，佛就在自己的心裡，在日常生活的每一件事裡，有善念讓每個人變得更好。

我見過不少男生在外打拚事業，完全不顧妻兒高堂，眼中只有錢。主計處統計，在股市狂熱的時候，平均每人每天花三．一個小時在股票上。我認為應該要把更多時間放在家庭和小孩身上，錢不能代表一切。德國最近才把商店打烊的時間延長到晚上八點鐘，以前是五、六點就得打烊，很多商店到晚上都被迫關門，大人得回家陪小孩，休養生息，西歐國家很重視父母親陪小孩成長的過程。台灣呢？是十、十一點鐘還在打拚和應酬，好處是勤勞賺錢，但是長期來講，眼中只有賺錢，人的素質是很難提升！

我有一個朋友是台大土木研究所畢業的，爸爸在當小學校長，他爸爸在股市賠了一千四百萬，退休和積蓄都賠光了，他發誓說：「一定要把爸爸賠的錢都賺回來！從哪裡跌倒就從哪裡站起來。」這等於是要報仇，於是他開始每天認真作功課研究，技術線型和基本面都弄得一清二楚，真的讓他成功了，他花了兩到三年的時間賺了四千萬，不但把老爸的錢賺回來，自己也賺了一筆，當他很高興地打電話來告訴我時，我就提醒他其實這樣不好，因為每天看股價變動的壓力很大，而且人每天和數字為伍，只看股票的螢幕，沒有成長，我和他說：「跟你同儕的人每天都在外面打拚，現在看起來是你賺錢比較快，可是以後人家會跑得比你更快，因為你只是閉關自守每天與錢打交道而已，但是人家都在不斷成長，人生如果只看錢不是很乏味嗎？」他其實內心也是很慌，他說他常常覺得很孤單，我就鼓勵他到美國讀書，當年他就真的去深造了，現在也有不錯的工作。

行文至此，有幾句話我想要和大家分享：

人生最大的意義在於對很多事情有貢獻，可以幫助和認識很多人，我們不能只看到個人的幸福，而忽略了別人的情況。

人生裡面只有金錢的話那生命就很悲慘，不是只有金錢才是最重要的。財富衍生出的滿足，不在於擁有或浪費的支出，而在於聰明的運用。

所以，投資致富的道路，是投資理財和投資自己雙雙並進。我的想法就是：傳播投資的知識給別人，讓大家知道財富這條路是可以達成的。

我們每個人都有該完成的義務。

人生有成長，生命才有意義。

成功意謂著你已經得到你愛的，而幸福則意謂你懂得享受你所得到的。

因此，致富的路不只是金錢上的需求，還有精神上的滿足。

希代書版集團

Rich Younker

編號	書　　名	作　者	譯　者	內　　容	頁數	定價
01	致富關鍵報告	邁可方圓		富爸爸五十二個忠告之一，同時擁有物質與心靈的富有	208	199
02	麥田裡的金子	邁可方圓		富爸爸五十二個忠告之二，同時擁有物質與心靈的富有	208	199
03	錦囊中的錦囊	邁可方圓		富爸爸五十二個忠告之三，同時擁有物質與心靈的富有	208	199
04	活學活用三十六計	王沖、沙雪良		在現代社會，爾虞我詐的年代裡－用之有道，防之有法	320	280
05	致勝奇招孫子兵法	王沖、沙雪良		在現代社會，爾虞我詐的年代裡－用之有道，防之有法	320	280
06	誰才是天生贏家	柏寶・薛佛	管中琪	每個人的真實能力遠比目前表現在生活中的還要更多	272	259
07	VW總裁心	蕾塔・史汀斯	張淑惠	只有一探Volkswagen，才能真正反敗為勝	224	220
08	妳自己決定成功	蒂娜・珊蒂・馥萊荷娣	賴志松	一旦女人發現溝通的藝術隱含有多大的力量，她們就會登上巔峰	192	199
09	修鍊自己，打敗高失業率	李中石		進入社會－你不得不會的生存法則和成功金律	224	220
10	就是沒錢才要創業	李中石		「創業」並不需要很多資金、技術、時間或經驗。能不能成功，全在於敢不敢踏出第一步	272	250
11	創造企業螺絲釘	李中石		企業管理者必備的用人寶典，更是讓上班族搶先一步窺視上司心理的實用書	224	220
12	生意就是談出來的	李中石		158招說話辦事絕活＋六位台灣名人的輝煌經驗…告訴你怎麼替自己的人生，談出一筆大生意	256	239
13	你一定要會的交際36計	李中石		成功的關鍵取決於你的交際能力	224	199
14	你一定要會的管人36計	李中石		三等人用錢買人　二等人用權壓人　一等人用計管人	320	249
15	你一定要會的用人36計	李中石		用人得當，就是得人；用人不當，就是失人	224	199
16	你一定要會的求人36計	李中石		籬笆立靠樁　人立要靠幫	208	199
17	健康煮出一拖拉庫的現金	朱淑娟		火鍋要怎麼煮要怎麼吃，開店怎麼賺大錢怎麼聚人氣，劉爾金一次告訴你	192	250
18	中國十二大總裁	亓長兵、黃蘊輝		締造「中國第一」，全球15億華人必備的總裁成功與致富寶典。成功＝智慧×努力 十二大總裁是如何掌握改變他們命運的關鍵時刻？	272	250
19	哪把椅子是我的？	吳苾雯		你的「職業錨」拋向哪裡，決定和影響著一個人的成敗得失，也決定和影響著一生能否獲得快樂和幸福	256	250
22	銷售狂人：行銷巨人洛夫・羅勃茲之傳奇	Ralph R. Roberts & John Gallapher		Ralph R. Roberts可說是美國房地產頁的一則傳奇，《時代雜誌》曾專文報導，並被譽為「全美最駭人的超級業務員！」	272	250
23	活錢：換種方式累積財富	易虛、李涌泉編著		懂得賺錢，你可以成為百萬富翁，但懂得活用財富，你才能成為快樂的富翁。為了過快樂的富翁生活，請打開這本書吧！	256	230
24	玩錢：理財致富的最高境界	吳蓓、李平編著		智慧才是致富的法寶！如果能將知識資本化，並善用於別人的智慧，就能財源滾滾！	256	230
25	狐狸上學班：手腕>打拼	劉思華		狐狸的機智與圓滑讓你在職場求生靈活，不要上班，只怕上了班卻無法升官	288	220
26	OL魅力領導書	劉思華、李潔		職涯競技場中，為求生存，各憑本事，然屈居於弱勢的職場女性，要懂得掌握女性優勢，發揮獨特風格，別成了誤闖禁區的小白兔	256	250
27	逆境商（AQ）修煉	于建忠		AQ（逆境商）是我們在面對逆境時的處理能力。	288	250
28	OL自信滿點書	劉思華、李潔		做個美麗而有自信的粉領女性，在職場中盡現鋒芒。	224	230
29	一本教企業人social的書	崔慈芬		社交是人與人相處的基本功夫，做好social給你好人緣。	288	260
30	管理48條突破思考	戴志純		集合近百年的國際企業編成的48篇故事，激發你的管理細胞。	224	230

高寶集團

Rich致富館

編號	書　　名	作　者	譯　者	內　　容	頁數	定價
001	雞尾酒投資術	鄭嘉琳、涂明正		唯一能讓你在不景氣中，繼續致富的理財必勝法	256	199
002	我很有錢，你可以學	劉憶如		從名人的生活觀念啟發，引領風騷的獨門賺錢術	256	188
003	別跟錢打架	馬度芸		回歸理性，了解個性，才能創造財富	240	158
004	富爸爸，窮爸爸	羅勃特・T・清崎 莎朗・L・萊希特	楊軍、楊明	雄踞「紐約時報」暢銷書排行榜，第一名寶座數月歷久不墜	256	250
005	錢進中國股市60秒	林宜養、彭思丹		全球化時代來臨的兩岸境外投資賺錢寶典	480	295
006	經濟蕭條中7年賺到15,000,000	柏寶・薛佛	張淑惠	不被這本書激勵的人，現在和未來永遠都是窮人	320	279
007	星座打造金星帝國	鄭嘉琳		有史以來最具財經專業的占星書	192	180
008	富爸爸，有錢有理	羅勃特・T・清崎 莎朗・L・萊希特	龍　秀	為你解釋神奇的現金流現象，帶領你走向致富成功大道	336	280
009	富爸爸華人版－錢滾滾來	劉憶如		為你揭開全球華人成功傳奇	208	188
010	成功的14堂必修課	林偉賢		將世界將大師的成功課程帶回家	256	250
011	我11歲，就很有錢	柏寶・薛佛	管中琪	致富理財觀念小學培養紀實	240	229
012	富爸爸，提早享受財富①	羅勃特・T・清崎 莎朗・L・萊希特	王麗潔 朱雲、朱鷹	享受財富必須立刻行動	272	250
013	富爸爸，提早享受財富②	羅勃特・T・清崎 莎朗・L・萊希特	王麗潔 朱雲、朱鷹	窮人和中產階級所不知道的富人世界	340	280
014	不看老闆臉色，賺更多	陳明麗		時機歹歹，自己創業才有錢途	240	218
015	開小店賺大錢	超級理財網		不管店面有幾坪，本書教你最高明的開店吸金術	256	218
016	除了娛樂，還可以海賺一票	劉憶如		你相信嗎？看電影竟然也可以賺大錢！	176	180
017	富爸爸，徹底入門	Smart智富月刊		一本Step by step的致富理財操作入門書	144	180
018	富爸爸，致富捷徑	柏樺、任傲霜		富爸爸和全球各大企業家的12條成功捷徑	272	260
019	富爸爸，素質教育	柏樺、任傲霜		從小培養智慧，長大就能致富	272	260
020	富爸爸，FQ培訓	柏樺、任傲霜		擁有了FQ財經智商，讓我成為金錢的真正主人	272	260
021	富爸爸，財富無限擴充	柏樺、任傲霜		只有學會富爸爸成功的祕密，才能真正掌握財富	224	180
022	讓孩子做財富的主人	鄭嘉琳		提早學理財，每個贏在起跑點的都是明日小富翁	224	180
023	剝開遊戲橘子	朱淑娟		看31歲的CEO劉柏園怎樣玩出線上遊戲奇蹟	256	250
024	富爸爸，富小孩①	羅勃特・T・清崎 莎朗・L・萊希特	王麗潔	如何讓你的孩子在30歲就退休而不是被淘汰	208	230
025	富爸爸，富小孩②	羅勃特・T・清崎 莎朗・L・萊希特	王麗潔	羅首度公開「學習贏配方」「職業贏配方」「財務贏配方」的致富公式學習理財不為功利，是為了找尋幸福人生	208	230
026	學校沒有教的事	林偉賢		9個實踐成功致富的方式，21個行動步驟，12個賺錢法則	256	250
027	富爸爸，致富破解174	富揚客		坊間第一本功能最強、速度最快、畫面最親和的富爸爸圖文攻略本	192	230
028	趁年輕，做富豪 I	祝春亭		據統計約有八成的億萬富翁出身貧寒	224	220
029	登上名人的財富階梯	辛澎祥、陳安婷		2002年結合理財專家與頂尖人物的致富寶典	224	220
030	開小店賺大錢 II	文字工廠		用少少的資本，賺大大的利潤	240	220
031	魔法成家書	Smart智富月刊編輯部		教你成家致富的真實案例	160	180
032	趁年輕做富豪 II	祝春亭		24位富豪教你賺取第一桶金	224	220
033	低利率時代的高賺錢智慧	劉憶如		名女人的理財策略首度公開，你必須重新排列「財商染色體」	176	180
034	食字路口，賺錢賺翻了	文字工廠		70%以上成功率，輕鬆變身最富有的美食專家	240	220
035	與中國頂尖企業對話	田本富		他們都是經由美國《富比士》雜誌評選，排名中國前100名的大富豪	304	220
036	成果式領導的第一本書	大衛・奧利奇	唐明曦	這是一本工具書，教你如何看起來像成功的領導者	256	260
037	經濟大預言	羅勃特・T・清崎 莎朗・L・萊希特	李威中	它將賦予你堅定的信念，你也可以有一個更加光明燦爛的財務未來	400	350
038	財富執行力	羅勃特・T・清崎 莎朗・L・萊希特	李威中	富爸爸的槓桿原理讓你迅速獲得財富以致年輕富有退休	448	350
039	新全球領導人	曼儒・凱特・維瑞斯 伊莉莎白・佛羅倫・崔西		全球MBA課程必須研究的三位企業家迴異獨特的領導風，成功地扮演了現代全球化企業最重要的三個典型角色	272	280
040	上海KNOWHOW在上海買房子	張永河		未來五年的上海無限商機，等著你來發掘	256	280
041	無疆界領導	彼得杜拉克基金會	柯雅琪	彼得杜拉克、暨聖吉、柯維等23位大師談未來管理策略	368	350
042	鄭弘儀教你投資致富	鄭弘儀		教你每年投資獲利20%，17年賺進一億元。	288	288

請沿虛線剪下裝訂寄回，謝謝！

高富國際文化有限股份公司 讀者回函卡

爲提升服務品質，煩請您填寫下列資料：

1.您購買的書名：鄭弘儀教你投資致富

2.您的姓名：__________ 您的年齡：____ 歲 您的性別：☐男 ☐女

3.您的e-mail：______________________________

4.您的地址：______________________________

5.您的學歷：
☐國中及以下 ☐高中 ☐專科學院 ☐大學 ☐研究所及以上

6.您的職業：
☐製造業 ☐銷售業 ☐金融業 ☐資訊業 ☐學生 ☐大衆傳播
☐自由業 ☐服務業 ☐軍警 ☐公務員 ☐教職 ☐其他

7.您從何得知本書消息：
☐書店 ☐報紙廣告 ☐雜誌廣告 ☐廣告DM ☐廣播
☐電視 ☐親友、老師推薦 ☐其他

8.您對本書的評價：（請填代號1.非常滿意2.滿意3.偏低4.再改進）
書名____ 封面設計____ 版面編排____ 內容____ 文／譯筆____
價格____

9.讀完本書後您覺得：
☐很有收穫 ☐有收穫 ☐收穫不多 ☐沒收穫

10.您會推薦本書給朋友嗎？
☐會 ☐不會，為什麼______________________________

11.您對編者的建議：

請沿虛線剪下裝訂寄回，謝謝！

廣告回郵
北區郵政管理局登記證
北台字12548號
免貼郵票

Rich致富

高富國際文化股份有限公司

地址：台北市114內湖區新明路174巷15號10樓
電話：（02）2791-1197
網址：www.sitak.com.tw

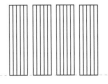

鄭弘儀教你投資致富

GLOBAL GROUP HOLDINGS, LTD.

高寶國際集團

品質保證

GOBOOKS
& SITAK
GROUP ©